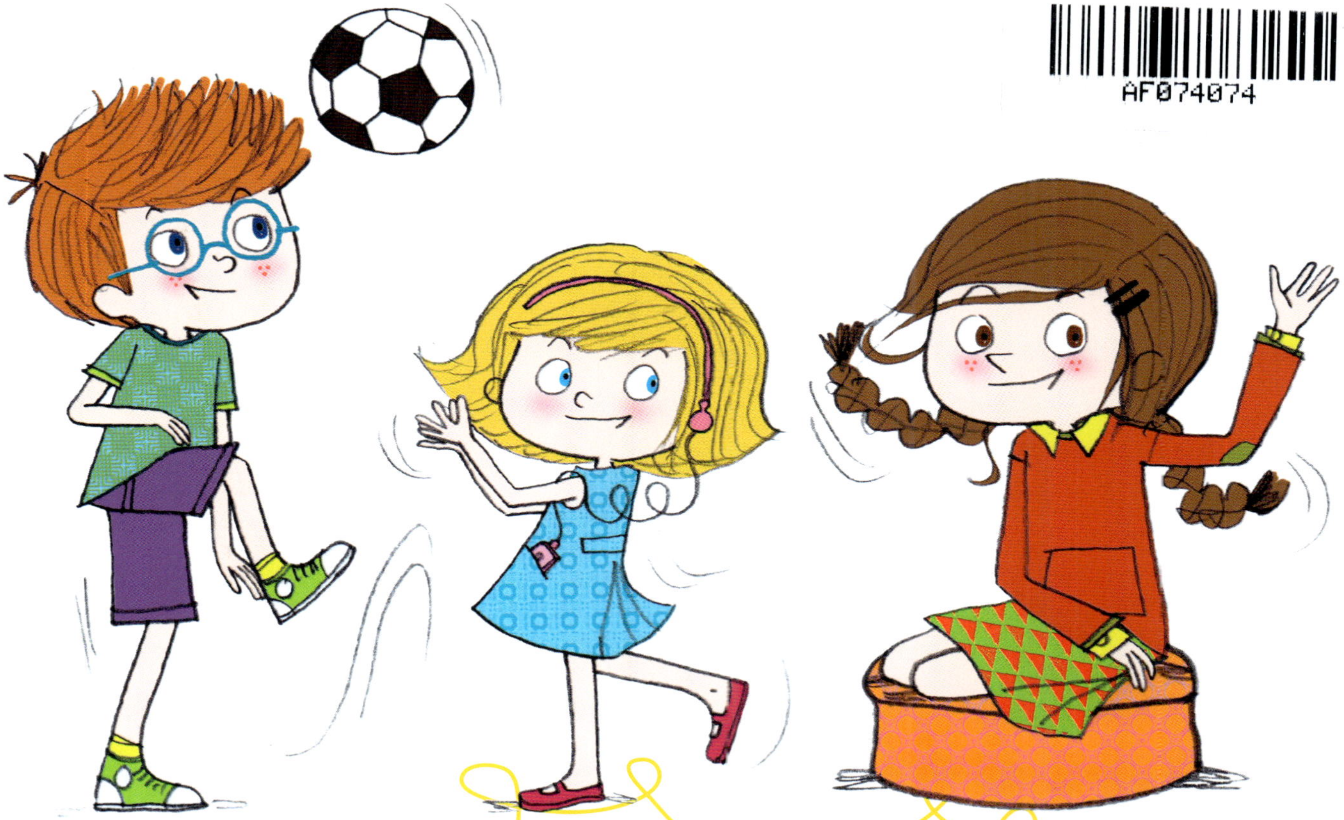

LES LOUSTICS

5

A2.1

Hugues Denisot – Marianne Capouet

hachette
FRANÇAIS LANGUE ÉTRANGÈRE

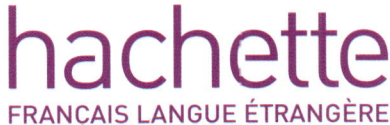

Crédits

Bridgeman : p. 15 (A) *Self Portrait with a Beret*, 1886 (oil on canvas), Monet, Claude (1840-1926) / Private Collection / Photo © Lefevre Fine Art Ltd., London / The Bridgeman Art Library ; p. 15 (B) *Waterlilies, Evening* (oil on canvas), Monet, Claude (1840-1926) / Musée Marmottan Monet, Paris, France / Giraudon / The Bridgeman Art Library ;

Rue des archives : p. 21 Claude Monet French artist, photographed at work in 1923 © Mary Evans / Rue des Archives ; p. 32 Neil Armstrong © Rue des Archives/BCA ; p. 32 Gustave Eiffel © Mondadori Portfolio / Rue des Archives ; p. 32 les frères Lumière © Rue des Archives/RDA ; p. 73 *Still Life With Goldfish* by Henri Matisse, 1911, 1869-1954, Russia, Moscow, Pushkin Museum of Fine Arts © Superstock/Rue des Archives

Autres photos : © Shutterstock / www.shutterstock.com ; © Istockphoto LP 2013

Autres documents : p. 6, 8, 43 *Azur et Asmar* © 2004 Ocelot Michel / Studio O, Nord-Ouest Productions, Eurimages ; p. 8 *Kirikou et la sorcière* © 1994 Ocelot Michel / RTBF, Odec Kid Cartoons, Monipoly Productions, Les Armateurs, France 3 Cinéma ; p. 16, 48 © Fondation Claude Monet, Giverny. Droits réservés ; p. 28 *Les Schtroumpfs 2* © 2013 Gosnell Raja / Sony Pictures ; p. 32 Maria Telkes © D.R. ; p. 72 © www.lalanguefrançaiseenfete.be / www.francophonie.org / www.dismoidixmots.culture.fr

Chansons : avec l'aimable autorisation de Naïve en licence exclusive / auteurs, compositeurs, interprètes : ZUT © 2010 – JOKAPE, www.naive.fr naïve

Autocollants : p. B © Fondation Claude Monet, Giverny. Droits réservés ; p. C Neil Armstrong © Rue des Archives/BCA ; Jacques Charpentreau © D.R. ; Gustave Eiffel © Mondadori Portfolio/Rue des Archives ; les frères Lumière © Rue des Archives/RDA ; Claude Monet © D.R. ; Carl Norac © D.R. ; Michel Ocelot © D.R. ; Maria Telkes © D.R. ; ZUT © 2010 – JOKAPE

Conception graphique de la couverture : Christophe Roger
Conception graphique : Sylvaine Collart
Mise en pages et déclinaison graphique : Anne-Danielle Naname, Juliette Lancien
Illustrations : Florence Langlois
Autre illustratrice : Dorothée Jost (pages 7 – 11 – 12 – 17 – 21 – 27 – 29 – 31 – 45 – 59 – 61)
Secrétariat d'édition : Sarah Billecocq

ISBN : 978-2-01-705363-7

© Hachette Livre 2015
58, rue Jean Bleuzen, CS 70007, 92178 Vanves Cedex, France
http://www.hachettefle.fr

Nous avons fait tout notre possible pour obtenir les autorisations de reproduction des textes et documents publiés dans cet ouvrage. Dans le cas où des omissions ou des erreurs se seraient glissées dans nos références, nous y remédierons dans les éditions à venir.

Tous droits de traduction, de reproduction et d'adaptation réservés pour tous pays. Le code de la propriété intellectuelle n'autorisant, aux termes des articles L.122-4 et L.122-5, d'une part, que « les copies ou reproductions strictement réservées à l'usage privé du copiste et non destinées à une utilisation collective » et, d'autre part, que les « analyses et les courtes citations » dans un but d'exemple et d'illustration, « toute représentation ou reproduction intégrale ou partielle, faite sans le consentement de l'auteur ou de ses ayants droit ou ayants cause, est illicite ». Cette représentation ou reproduction, par quelque procédé que ce soit, sans autorisation de l'éditeur ou du Centre français de l'exploitation du droit de copie (20, rue des Grands-Augustins, 75006 Paris), constituerait donc une contrefaçon sanctionnée par les articles 425 et suivants du Code pénal.

Achevé d'imprimé en octobre 2024 en Espagne par GRAFO - Dépôt légal : Février 2019 - Édition 09 - 41/3157/2

Les symboles

Regarde et écoute ton professeur.

- De la page 4 à la page 33, les pistes audio sont disponibles sur le CD 1 du coffret.
- De la page 36 à la page 73, les pistes audio sont cisponibles sur le CD 3 du coffret.

L'arbre généalogique des Legrand

Présente les membres de la famille Legrand.

Louis (1928-2012) — Anna 72 ans — Pierre 69 ans — Colette 70 ans

Jeanne 42 ans — Luc 44 ans — Bernard 39 ans — Sylvie 41 ans

Alice 11 ans — Léo 9 ans — Maggie 5 ans — Pauline 14 ans — Bob 7 ans — Tom 7 ans

Unité 1 : Tous différents

Leçon 1 — D'où reviennent-ils ?

1 🎧 CD1·2 👉 Écoute et montre la bonne vignette.

 A

 B

 C

 D

2 🎧 3 👉 Écoute et montre sur la grande image.

3 🎧 4 👁 💬 Écoute, regarde et réponds.

4 🎧 5 💬 Écoute et dis d'où vient l'avion.

5 📖 Lis le texte. Trouve les neuf erreurs.

Il est 11 heures. Nous sommes à la gare Paris-Charles de Gaulle. Marie revient d'Allemagne avec sa nièce Maty et son neveu Abdou. Mamie Anna revient des États-Unis. Maggie veut porter le sac de Mamie Anna. Il est lourd. Léo prend la valise de Mamie Anna. Elle est légère. Un touriste chinois cherche son avion sur l'écran. Il va à New York.

6 🎧 6 🚫 Écoute la chanson « Aujourd'hui, c'est la rentrée » du groupe Zut. Qu'est-ce que tu comprends ?

Unité 1

Peux-tu décrire le physique de quelqu'un ?

1  Écoute et montre qui c'est.

A

B

MÉMO

Bob ressemble à Tom.
Ils se ressemblent comme deux gouttes d'eau.

Et toi ? Tu ressembles à qui ?

Bob et Tom sont jumeaux.
Tu connais des jumeaux, des jumelles ?

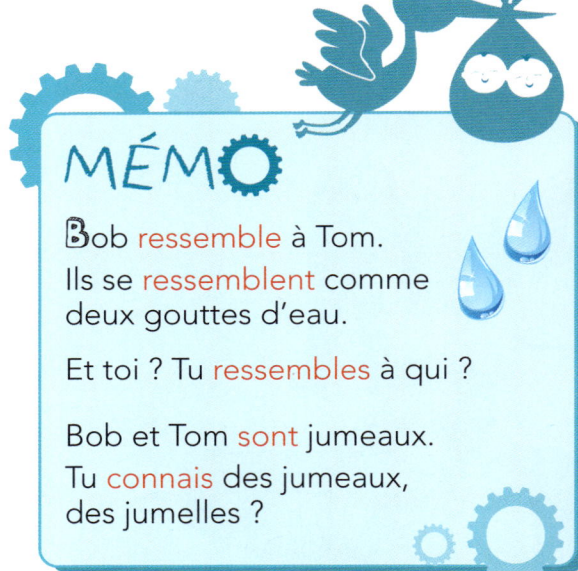

2  Écoute et dis qui c'est.

3  Lis et réponds.

a. **Qui** parle ?
  1. J'ai les cheveux roux et en brosse.
  2. Nous avons les cheveux gris et bouclés.

b. **À qui** parle le photographe ?
  1. Tu as les cheveux courts, noirs et frisés.
  2. Vous avez les cheveux roux et bouclés.
  3. Vous avez les cheveux bruns.

c. **De qui** parle le photographe ?
  1. Il a une barbe et une moustache.
  2. Elles ont les cheveux longs.

4  **Lis et corrige les erreurs.**

a. Léo est brun. Il y a les yeux marron. Il est plus grand que son père.
   Maintenant, il a une barbe et une moustache.
b. Alice est blonde. Elle a les cheveux longs et raides. Elle a des tresses.
   Elle est aussi grande que Maty. Elle est plus petite que Marie.
c. Grand-mère Colette a les yeux bleus. Elle a les cheveux mi-longs, gris et bouclés. Elle est mince.
d. Luc a les yeux marron. Il a les cheveux courts, noirs et frisés.
e. Grand-père Pierre a beaucoup de cheveux. Il est chauve. C'est le plus vieux.
f. Maggie est rousse. Elle a les cheveux mi-longs. C'est la plus petite et la plus jeune.

5 **À ton avis…**

1,85 mètre	1,40 mètre
1,05 mètre	82 kilos
51 kilos	27 kilos

Combien mesure… ?
Luc Legrand
Marie
Maggie
toi

Combien pèse… ?
Léo
Grand-mère Colette
Mamie Anna
toi

6 **Écoute, apprends puis récite avec un camarade le poème « Inspection générale » de Carl Norac.**

Inspection générale

Tous les matins, de son visage,
le vampire fait l'inventaire.
Tous les matins, il craint le pire
devant son miroir centenaire.
Le nez est-il au centre ? Oui.
Les yeux en face des trous ? Oui.
Les cheveux bien gominés ? Oui.
Le front mi-soucieux (pour inquiéter) ? Oui.
Le sourire mi-content (pour rassurer) ? Oui.
Les joues et leur blancheur ? Oui.
Les dents toujours parfaites ? Oui.

– Alors, l'ami, qu'est-ce qui cloche ?
Se dit le vampire lassé de se voir.
– Rien ma foi, répond le miroir,
mais c'est bien dommage que tu sois si moche.

Carl Norac, *Petites grimaces et grands sourires*,
Éditions du Rocher, Lo País d'Enfance, 2006

Miroir, miroir, dis-moi que je suis le plus beau !

 **Pour les curieux !**
Un vampire ne peut pas se voir dans un miroir.
Quelle drôle d'histoire !

Unité 1

Peux-tu décrire le caractère de quelqu'un ?

1. Écoute et dis qui c'est.

A

B

Pour les curieux !

Azur et Asmar est un film de Michel Ocelot.

Connais-tu son autre film, *Kirikou et la sorcière* ? C'est l'histoire d'un enfant courageux et d'une méchante sorcière.

2. Écoute et montre qui c'est.

3. Lis et dis le numéro de la personne correspondante.

a. **Qui** parle ?
1. Je suis fort en français.
2. Nous sommes bavards.

b. **À qui** parle le directeur ?
1. Tu es paresseux.
2. Vous êtes intelligent.
3. Vous êtes gentilles.

c. **De qui** parle le directeur ?
1. Il est timide.
2. Elles sont courageuses.

4 Lis le message du professeur et trouve qui est Paul sur le dessin.

Madame et Monsieur Martin,

Votre fils Paul n'est pas très studieux. Il parle beaucoup avec sa voisine. Il est bavard comme une pie. Il doit apprendre à écouter quand je parle. C'est un élève intelligent et sympathique mais il doit être plus sage pendant les cours de mathématiques.

Il doit travailler plus et parler moins.

J'aimerais vous parler. Pouvez-vous m'appeler au 06 78 39 41 96 ?

Merci d'avance.
Meilleures salutations.

        Monsieur Einstein
        Professeur de mathématiques de Paul (6ᵉ C)

5 Avec tes camarades, formez une ronde puis jouez au jeu « Je suis comme toi parce que… ». ➡ p. 71

Je suis comme toi parce que je suis sympathique !

6 Écoute la chanson « À chacun sa tête » du groupe Zut et apprends le refrain.

À chacun, à chacun, à chacun sa tête
C'est pas parce qu'on a l'air un peu différent
Qu'on est forcément bête ou méchant

Unité 1

... des mots pour dire le contraire

1. Complète les phrases.

a. Ils sont pareils. ≠ Ils sont ...

b. Elle est gentille. ≠ Elle est ...

c. Il est studieux. ≠ Il est ...

d. La plus grande. ≠ La plus ...

e. Le plus lourd. ≠ Le plus ...

MÉMO

Un mot peut avoir plusieurs contraires.
La réponse est bonne.
≠ La réponse est fausse.
La tarte est bonne. ≠ La tarte est mauvaise.

⚠ La tarte n'est pas fausse !!!

... des verbes pour aller et venir

2. Observe et lis. Trouve le verbe *aller*.

A — PARIS / DAKAR — « Tu viens en France ? C'est chouette ! »

B — DAKAR — « Tu vas en France ? Tu as de la chance ! »

C — PARIS — « Tu viens du Sénégal ? » « Oui, je suis sénégalaise. »

D — PARIS — « Tu reviens du Sénégal ? » « Non, je reviens d'Allemagne. »

3. Observe le verbe *venir* et réponds.

Je viens	Ils/Elles viennent	Nous venons
Tu viens		Vous venez
Il/Elle/On vient		

a. D'où vient Maty ? (lieu de naissance)
b. D'où revient Mamie Anna ? (lieu de vacances)
c. D'où viens-tu ? (lieu de naissance)
d. D'ou reviens-tu ? (lieu de vacances)

DIS-MOI...

... des phrases pour comparer

4. Lis et trouve qui est qui.
a. Max est plus grand que Mona.
b. Élise est moins grande que Mona.
c. Hugo est plus grand que Max.
d. Mona est aussi grande que Némo.

5. 🎧13 **Observe le dessin et trouve les frères et sœurs puis écoute la correction.**

... à l'oreille !

6. 🎧14 **Observe les dessins et écoute. Est-ce que tu entends une différence ?**

7. 🎧15 **Observe le dessin et écoute deux fois. La deuxième fois, répète la phrase correcte.**

Le maître des colles.
A

Le maître d'école.
B

Le maître décolle.
C

Unité 1 — GRAND doc

JE DÉCOUVRE... « la carte mentale » de Maty

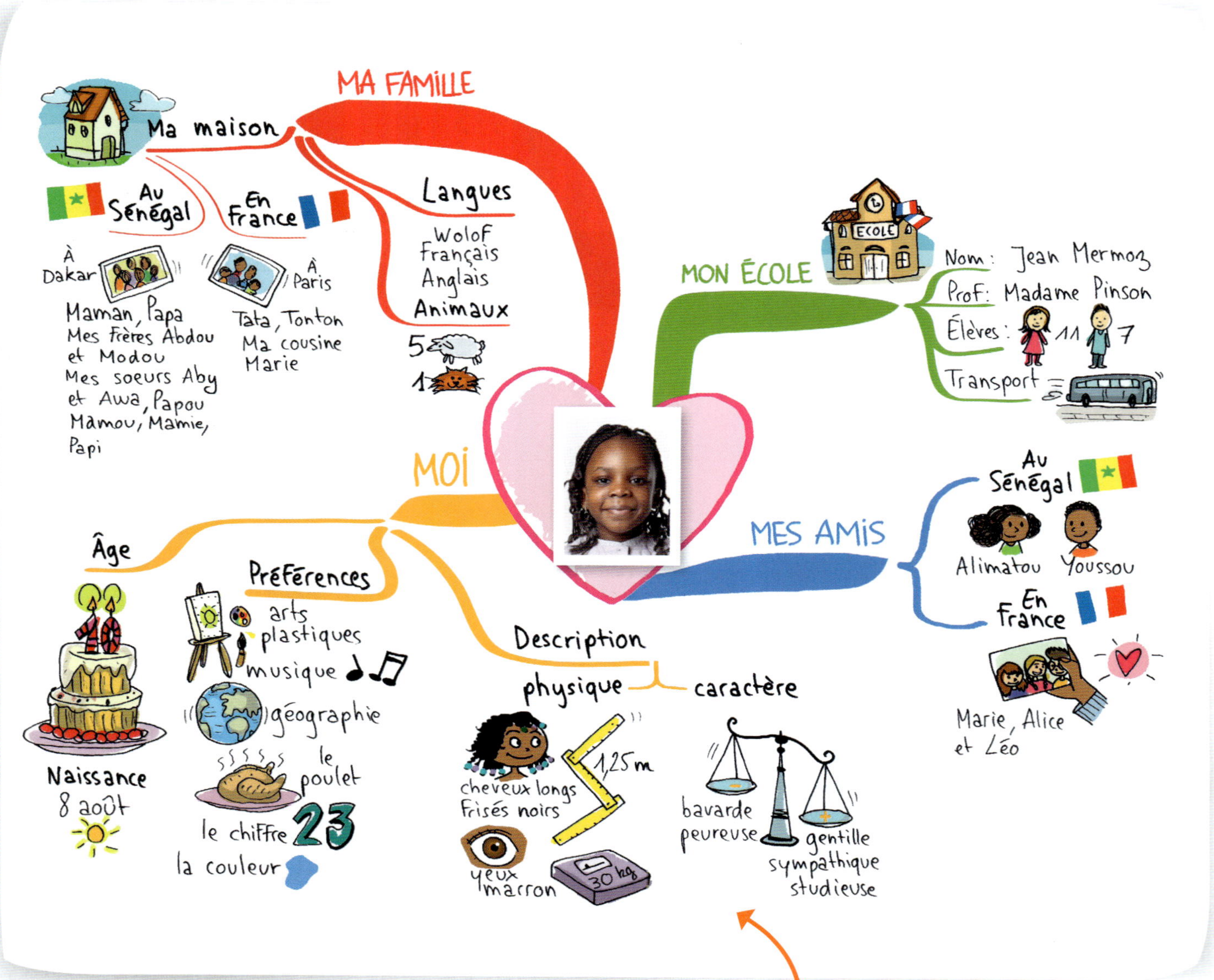

MA FAMILLE
- Ma maison
- Au Sénégal — À Dakar : Maman, Papa, Mes frères Abdou et Modou, Mes sœurs Aby et Awa, Papou, Mamou, Mamie, Papi
- En France — À Paris : Tata, Tonton, Ma cousine Marie
- Langues : Wolof, Français, Anglais
- Animaux : 5 (mouton), 1 (chat)

MON ÉCOLE
- Nom : Jean Mermoz
- Prof : Madame Pinson
- Élèves : 11, 7
- Transport : (bus)

MES AMIS
- Au Sénégal : Alimatou, Youssou
- En France : Marie, Alice et Léo

MOI
- Âge — Naissance : 8 août
- Préférences : arts plastiques, musique, géographie, le poulet, le chiffre 23, la couleur (bleu)
- Description physique : cheveux longs frisés noirs, yeux marron, 1,25 m, 30 kg
- Caractère : bavarde, peureuse, gentille, sympathique, studieuse

---

1 Observe et montre : qu'est-ce que c'est ?

 A
 B
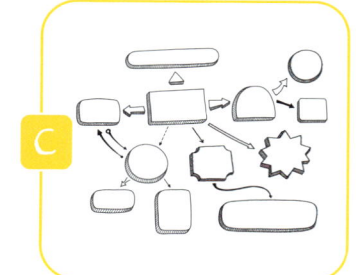 C
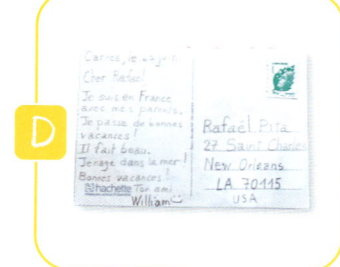 D

Projet

Fabriquez « la carte mentale » de votre classe.

2 Observe la carte mentale et réponds.

A. Qui est en photo dans le cœur de la carte mentale ?
B. Cette carte mentale a combien de branches ?
C. Cite le nom de chaque branche et dis sa couleur.

A. Avec tes camarades et ton professeur, **décidez** du nombre de branches, de leur nom et de leur couleur.

B. Fabrique ta carte mentale individuelle.
a. Prends une feuille blanche sans lignes dans le sens horizontal.
b. Colle ta photo au cœur de la feuille.
c. Trace les branches autour du cœur.
d. Écris les mots sur les branches.
e. Ajoute des dessins, des symboles.
f. Colorie les branches principales de la bonne couleur.

3 Lis la carte mentale et réponds.

A. D'où vient Maty ? Montre où est écrite la réponse.
B. Quelle est la date d'anniversaire de Maty ?
C. Est-ce que Maty a des animaux ? Si oui, lesquels ?
D. Quels sont les défauts de Maty ?

C. Fabriquez votre carte collective.
a. Collez une photo de classe sur le mur de la salle de français.
b. Collez autour de cette photo toutes les cartes mentales individuelles.
c. Tracez une flèche partant de la photo de classe à votre carte mentale en écrivant votre nom au-dessus de la flèche.

4 Pose des questions sur Maty à tes camarades.

D. Comparez-vous à partir de vos cartes mentales !

5 🎧16 Écoute Alice. Elle parle de Maty. Dis si c'est vrai, faux ou si tu ne sais pas.

Leçon 1 — Que font-ils ?

1 🎧 17 💬 **Lis, écoute et réponds.**

A — Claude Monet
(Paris, 1840 – Giverny, 1926)
Autoportrait, 1886

B — Claude Monet
(Paris, 1840 – Giverny, 1926)
*Nymphéas**, 1907

C

Horaires et tarifs
La Fondation Claude Monet est ouverte tous les jours du 29 mars au 1er novembre de 9h30 à 18h00
Tarifs d'entrée : Maison et jardins
Adultes : 9,50 euros
Enfants – de 12 ans : 5 euros
Enfants – de 7 ans : gratuit

Accès À 75 km de Paris
En train : gare de Vernon (de Paris, prendre le train à la gare Saint-Lazare)
Navette de bus : Vernon-Giverny (8 euros aller / retour – Départ des navettes 15 minutes après l'arrivée des trains venant de Paris)
En voiture : autoroute A13 ou A28 (8 euros aller / retour)

*nénuphars

2 🎧 18 ✏️ **Écoute et observe l'exemple puis écris les nombres.**

6 — six
26 — vingt-six
926 — neuf cent vingt-six
1 926 — mille neuf cent vingt-six

3 📖 💬 **Lis et réponds.**
a. Quelle est la distance de Paris à Giverny ?
b. En quelle année est né Monet ?
c. En quelle année peint-il *Nymphéas* ?

4 🎧 19 👉 **Écoute et montre qui parle sur la grande image.**

5 🎧 20 💬 **Écoute et réponds.**

6 📖 **Lis puis illustre le dialogue.**

Maggie : C'est qui le monsieur qui porte une brouette ? C'est M. Monet ?

Luc : Non, M. Monet est mort. Lui, c'est le jardinier qui jardine dans le jardin.

Unité 2

Veux-tu te promener ?

1. 🎧 💬 Écoute l'audioguide et dis la lettre de la photo.

2. 🎧 📖 💬 Écoute à nouveau l'audioguide. Lis les conjugaisons et dis la lettre de la photo ou des photos.

1. Je **visite** la maison de Monet.
2. Tu **visites** le salon-atelier de l'artiste.
3. Il **visite** la cuisine bleue du peintre.
4. Ils **visitent** la salle à manger.
5. Nous **visitons** la chambre.
6. Vous **visitez** le rez-de-chaussée.

7. **Je me promène** au bord de l'étang.
8. **Tu te promènes** dans l'allée.
9. **Il se promène** sur le pont vert.
10. **Ils se promènent** devant l'escalier.
11. **Nous nous promenons** dehors.
12. **Vous vous promenez** au milieu des fleurs.

3. Lis, écoute et réponds. Explique tes choix.

a. Quel est le prénom du jardinier de la Fondation Monet ?
b. Quel jardinier est le personnage d'une histoire célèbre ?
c. Quel jardinier chante une chanson qui parle de fruits ?

4. Écoute. Qu'est-ce que tu entends ? Réponds puis écoute les réponses.

Pour les curieux !

L'arbre qui est sur le drapeau libanais est un cèdre.
La feuille d'arbre qui est sur le drapeau canadien est une feuille d'érable.

Cherche ces drapeaux sur Internet !

5. Écoute, apprends puis récite avec tes camarades le poème « L'arbre » d'après Jacques Charpentreau.

L'arbre

Perdu au milieu de la ville,
L'arbre tout seul, à quoi sert-il ?
Les parkings, c'est pour stationner,
Les camions pour embouteiller,
Les motos pour pétarader,
Les vélos pour se faufiler.
L'arbre tout seul, à quoi sert-il ?

Les maisons, c'est pour habiter,
Les magasins pour acheter.
Les néons pour illuminer,
Les feux rouges pour traverser.
L'arbre tout seul, à quoi sert-il ?

Les Présidents pour présider,
Les télés, c'est pour regarder,
Les montres pour se dépêcher,
Les mercredis pour s'amuser.
L'arbre tout seul, à quoi sert-il ?

Il suffit de le demander
À l'oiseau qui chante à la cime.

D'après Jacques Charpentreau

Unité 2

 # Tu veux jouer à l'herboriste ?

1   Qu'est-ce que c'est ? Écoute et répète.

A	B	C
une feuille	une graine	une fleur

D	E	F
un fruit	une plante	un arbre

2   Écoute et montre le bon dessin.

A   B   C

3  Comment fait-on un herbier ? Écoute et remets les dessins dans l'ordre.

A   B   C

D   E   F

4 **Continue la conjugaison de l'herbier.**

Exemple : Je coupe les fleurs et les feuilles avec un sécateur.
a. Tu **dépos**es … dans … .
b. Il **observ**e et il **class**e … avec … .
c. Les feuilles triées **sèch**ent entre … .
d. Nous **coll**ons … avec … sur … .
e. Vous **not**ez … .

5 **De quoi as-tu besoin pour faire ton herbier ? Lis et associe pour dire à quoi ça sert.**

a. Des ciseaux ou un sécateur
b. Un panier et des gants de jardinier
c. Une loupe et un carnet
d. Un livre de botanique
e. Du papier journal
f. Du ruban adhésif ou de la colle

pour

1. faire sécher
2. couper
3. coller
4. observer et prendre des notes sur
5. ramasser
6. classer

les plantes

6 🎧28 **Écoute la chanson « Les pelouses interdites » du groupe Zut et montre le panneau qui illustre le refrain.**

7 🎧29 **Que disent les panneaux ? Réfléchis avec un camarade, répondez puis écoutez la correction.**

Unité 2

... des mots de la même famille

désherber | herbe | herbier | herbivore | herboriste | herboristerie

1. Observe la famille du mot HERBE et complète sur une feuille l'autre famille.

2. Observe comment les mots de la famille du mot HERBE sont rangés sur la corde. Classe les mots de l'autre famille de la même manière.

... des verbes à l'infinitif

3. Lis, montre le bon dessin et dis le nom du verbe. Attention aux pièges rigolos !

a. Nous savons.   b. Je plante.   c. Il lit.

DIS-MOI...

4. Observe. Quels sont les deux verbes dans chaque colonne ?

Je plante	Je grandis	J'écris
Tu plantes	Tu grandis	Tu écris
Il plante	Il grandit	Il écrit
Ils plantent	Ils grandissent	Ils écrivent
Nous plantons	Nous grandissons	Nous écrivons
Vous désherbez	Vous fleurissez	Vous lisez

MÉMO

Il existe trois groupes de verbes :
- Les « nombreux » : verbes du 1ᵉʳ groupe en –**ER** comme **PLANTER**.
- Les « -issez » : verbes du 2ᵉ groupe en – **IR** comme **GRANDIR** (**GRANDISSEZ**).
- Les « irréguliers » : verbes du 3ᵉ groupe comme **AVOIR**, **ÊTRE, ALLER, VENIR, RIRE, ÉCRIRE**…

... des phrases avec *qui*

5. Observe les exemples et complète.

A. Monet peint des nénuphars.
Qui peint des nénuphars ?
C'est Monet qui peint des nénuphars.

B. Un joli papillon se pose sur le cœur de la marguerite.
Qui se pose sur le cœur de la marguerite ?
C'est un joli papillon qui se pose sur le cœur de la marguerite.

C. Le chien se couche au pied de l'arbre.
Qui … ?
C'est … qui se couche … .

6. Observe l'exemple et amuse-toi à tout mélanger.
a. C'est Monet qui *se pose sur le cœur de la marguerite*.
b. C'est un joli papillon qui …
c. C'est le chien qui …

... à l'oreille !

7. 🎧 30 **Observe les dessins, écoute puis répète.**

a. Jacques, le jardinier, jardine dans le jardin.

b. Gabor, le garagiste, se gare dans le garage.

Unité 2 — GRAND doc
JE DÉCOUVRE...
Lucas, jardinier en herbe

1 **Je m'appelle Lucas,** j'ai 10 ans et je suis jardinier en herbe. J'apprends à jardiner avec ma grand-mère. J'adore la nature, la montagne, la mer, la campagne et j'adore les animaux. Mais ce que je préfère, c'est le jardinage. Dans mon jardin, sur la pelouse, il y a un banc et une balançoire. J'aime bien jouer dans mon jardin mais je préfère m'occuper des plantes, des fleurs et des légumes. Dans mon jardin, il y a aussi une cabane avec des outils.

2 **Dans la cabane,** il y a les outils de jardinage de ma grand-mère et les miens : sa bêche, sa fourche, son sécateur, ma brouette, mon arrosoir, mon râteau et mon plantoir. Je jardine toujours avec ma grand-mère. Ce que je préfère, c'est arroser les plantes avec le tuyau d'arrosage, désherber autour des fraisiers et, après, manger les fraises !

J'ai la main verte.

3 **Mon jardin est très grand.**
Au sud, il y a un verger avec de nombreux arbres fruitiers : des pommiers, des pêchers, des poiriers, des abricotiers. À l'est, il y a un potager avec beaucoup de légumes : des pommes de terre, des carottes, des tomates, des haricots, des salades.

4 **Dans mon jardin,** il y a aussi beaucoup de fleurs : des roses, des tulipes, des marguerites, des tournesols... Mes fleurs sont très belles. Maman dit que j'ai la main verte !

5 Il y a beaucoup d'animaux qui vivent dans mon jardin : des escargots, des limaces, des coccinelles, des fourmis, des chenilles, des papillons et, bien sûr, beaucoup de vers de terre.
Un jardin, c'est beaucoup de travail ! Mais moi, j'adore ça ! Le jardinage, c'est ma passion !

6 Si toi aussi tu aimes le jardinage, tu peux correspondre avec moi. Écris au magazine *Aparsa*.

Projet

Fabriquez « un abécédaire mural » du jardin pour votre classe.

1. Il y a des jardins dans ton pays ? Comment sont-ils ? As-tu un jardin ?

2. Lis le texte et réponds.
A. Lucas apprend à jardiner. C'est un jardinier en fleur, en herbe ou en arbre ?
B. Lucas apprend à jardiner avec qui ?
C. Lucas préfère jouer dans le jardin ou jardiner ?
D. Lucas a la main verte parce que c'est un bon peintre ou un bon jardinier ?

3. Relis le texte et remets dans l'ordre.
A. Lucas parle des outils de jardinage.
B. Lucas parle des animaux du jardin.
C. Lucas parle du verger et du potager.
D. Lucas cherche des amis qui aiment aussi le jardinage.
E. Lucas se présente.
F. Lucas parle des fleurs.

4. 🎧31 Écoute la définition et dis le mot.

5. 💻 Recherche les photos des mots que tu ne connais pas sur Internet.

A. Avec tes camarades et ton professeur, **décidez** des mots à illustrer :
– des fleurs, des arbres qui poussent dans un jardin ;
– des fruits et des légumes ;
– des outils pour jardiner ;
– des animaux qui vivent dans le jardin ;
– …

B. Regarde la page d'Aïcha. Qu'est-ce que c'est ?
C'est une plante qui vit dans l'eau, dans les étangs. Monet a peint ces plantes sur ses tableaux. Elle commence par la lettre N.

C. Fabrique ta page individuelle.
a. Prends une feuille blanche sans lignes dans le sens vertical.
b. Écris en grand la lettre initiale du mot.
c. Écris la définition du mot.
d. Dessine ou colle une image du mot.

D. Jouez au jeu du morpion avec les pages de votre abécédaire. ➡ p. 71

E. Affichez votre abécédaire mural. Attention à l'ordre alphabétique !

Unité 3 : Le passé, c'est passé !

Leçon 1 — Que s'est-il passé ?

1 🎧 32 👉 Écoute et montre.

2 🎧 33 Écoute, mime et répète.

3 🎧 34 👉 Écoute et montre qui parle sur la grande image.

4 🎧 35 💬 Écoute et réponds.

5 📖 ✏️ Lis et remets dans l'ordre. Écris les phrases et illustre.

| de la petite fille | Le chat | de l'arbre. | est descendu |
| est retourné | dans sa boîte. | Il | |

Unité 3

Tu es malade ? Tu t'es fait mal ?

1 Écoute et dis qui c'est.

2 Associe les photos puis écoute pour vérifier.

   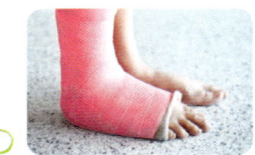

3 Lis et complète avec *coupé*, *piqué*, *cassé* ou *cogné*.

a. Elle s'est … le doigt en préparant une salade de fruits.
b. Je me suis …. la tête contre le rebord de la fenêtre.
c. Tu t'es … le doigt avec une punaise.
d. Elle s'est … le pied dans la cour de récréation.

Leçon 2

4   **Lis et imagine la fin.**

a. Nous nous sommes cognés…
b. Vous vous êtes piqués…
c. Ils se sont coupés…

 **Pour les curieux !**

Certaines maladies ont des noms de couleur : la roséole, la rougeole, la jaunisse…

Attention, les Schtroumpfs n'ont pas la bleuole, ni la bleuisse ! Ils sont bleus et en bonne santé !

5   **Observe et dis ce qui s'est passé.**

6 **Écoute la chanson « Ouch ! Ouille ! Bobo ! » du groupe Zut. Dis ce que tu comprends et chante.**

Unité 3

Où es-tu allé ? Qu'as-tu fait ?

1   Écoute où ils sont allés et montre.

2   Lis et dis où ils sont allés.

a. **L'année dernière**, nous avons dormi sous une tente et nous avons traversé le désert à dos de chameau.
b. **Avant-hier**, j'ai ramassé un gros coquillage. J'ai mis le coquillage contre mon oreille. J'ai entendu la mer.
c. **La semaine dernière**, vous avez visité le jardin de Monet et vous avez pris de magnifiques photos.
d. **Ce matin**, pendant la récréation, tu as joué au foot et tu t'es tordu la cheville.
e. **Hier soir**, ils ont vu un très beau film et ils ont pleuré.
f. **Il y a trois mois**, elle a fait un joli bonhomme de neige avec son neveu et sa nièce.

3 Observe la ligne du temps. Place puis raconte les événements de l'exercice 2 du plus ancien au plus récent.

… … c … … … maintenant

4 Lis la bande dessinée.

5 Écoute et dis les différences entre la bande dessinée et la bande son.

6 Avec tes camarades, apprends et joue la bande dessinée au présent, au passé ou les deux.

Unité 3

... des mots pour dire quand

Avant-hier — En 2011 — Il y a trois mois — La semaine dernière — Hier soir — À 7 heures et quart — Aujourd'hui — L'année dernière

1. Lis et réponds.
a. En quelle année es-tu né(e) ?
b. À quelle heure t'es-tu réveillé(e) ce matin ?
c. Quand es-tu allé(e) en vacances pour la dernière fois ?
d. Quel jour as-tu fait du sport cette semaine ?
e. Quand as-tu fêté ton anniversaire ?
f. Quand as-tu été malade pour la dernière fois ?
g. Quand as-tu fini de lire ton dernier livre ?

Pour les curieux !

Marianne et Hugues ont créé *Les Loustics* en 2011.
Florence a dessiné *Les Loustics* pour la première fois en septembre 2012.
Marianne et Hugues ont présenté le livre *Les Loustics 1* le 7 février 2013 à Paris.

... des verbes au passé composé

2. Raconte avec tes camarades la vie du chat des Legrand au passé.

naître / est né(e) — arriver / est arrivé(e) — venir / est venu(e) — rester / est resté(e) — monter / est monté(e) — entrer / est entré(e) — partir / est parti(e) — passer / est passé(e) — sortir / est sorti(e) — aller / est allé(e) — descendre / est descendu(e) — tomber / est tombé(e) — mourir / est mort(e)

+ se réveiller / s'est réveillé(e) – se doucher / s'est douché(e) – s'habiller / s'est habillé(e) – …

3. Lis les verbes. Au passé composé, ils se conjuguent avec *être* ou *avoir* ?
aller – faire – se cogner – marcher – arriver – danser – finir – jouer – s'habiller

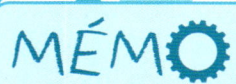

DIS-MOI...

... des phrases au passé

4. Écris les phrases au passé composé.
a. Ce matin, je me lève à sept heures.
b. Aujourd'hui, tu vas chez le médecin.
c. Il reste à la cantine.
d. Le mercredi après-midi, nous jouons au foot.
e. Vous finissez votre activité.
f. Ils dansent toute la nuit.

MÉMO

Passé composé (PC)

être		avoir		participe passé (PP)
Je (me) **suis**		J'**ai**		
Tu (t') **es**		Tu **as**		
Il (s') **est**	**ou**	Il **a**	**+**	👂 **é / i / u**
Nous (nous) **sommes**		Nous **avons**		
Vous (vous) **êtes**		Vous **avez**		
Ils (se) **sont**		Ils **ont**		

PC = *avoir* ou *être* + PP
Exemples : Je me suis lavé(e). Tu es parti(e). Nous avons lu.

... à l'oreille !

5. 🎧41 **Fabrique deux pancartes :** ⟨Passé⟩ / ⟨Présent⟩. **Écoute et montre la pancarte correspondante.**

6. 🎧42 **Écoute et cherche les phrases déguisées.**
a. G visiT la maison où Monet a AbiT.
b. G touC en buvant du T avec mon PP.
c. G enleV l'herbe dans le potaG.
d. G planT D OranG dans le verG.

7. Choisis une phrase et chuchote-la à l'oreille de tes camarades. Le dernier la répète à haute voix.

JE DÉCOUVRE...
Un peu d'histoire

Unité 3 – GRAND doc

Frise chronologique

- Découverte du feu : -500 000
- Naissance de l'écriture : -3 500
- **PRÉHISTOIRE** / **HISTOIRE**
- Invention de l'imprimerie : 1454
- Invention de la photographie : 1826
- Construction de la tour Eiffel : 1889
- Invention du cinéma : 1895
- Naissance de l'aviation : 1903
- Invention de la télévision : 1923
- Invention de l'ordinateur : 1936
- Invention de la maison solaire : 1940
- Premier pas sur la Lune : 1969

Gustave Eiffel est un ingénieur et constructeur français. Il est né à Dijon. Il a participé à la construction de la statue de la Liberté. Il a construit la tour Eiffel de 1887 à 1889. C'est un grand constructeur !

Auguste et Louis Lumière sont nés en France à Besançon. On les appelle les frères Lumière. Ils ont inventé le cinéma en 1895. Leur film le plus connu s'appelle *L'arroseur arrosé*. Leur invention, le cinéma, s'appelle aussi le 7e art. Ce sont de grands inventeurs !

Maria Telkes est une scientifique américano-hongroise. Elle a inventé, avec l'architecte Eleanor Raymond, la première maison solaire en 1940. C'est une grande scientifique !

Neil Armstrong a voyagé dans l'espace. Il est allé sur la Lune à bord de la fusée Apollo 11. Il est le premier homme qui a marché sur cet astre. Il a posé le pied sur la Lune le 21 juillet 1969. Quel grand astronaute !

Préhistoire et Histoire

1 À ton avis, ce document est extrait d'un livre de mathématiques, d'histoire ou de géographie ?

2 Lis et réponds.

A. Sais-tu quand la Préhistoire s'est terminée et quand l'Histoire a commencé ? À la naissance de la confiture, de l'écriture ou de la peinture ?

B. Dis ce qui s'est passé : de 1887 à 1889 – en 1895 – en 1940 – en 1969.

3 🎧 43 Relis puis ferme ton livre. Écoute et joue au jeu « Questions pour un champion ». ➡ p. 71

4 Nous sommes en 2083. En 2029, tu as fait une grande découverte ou tu as inventé quelque chose d'extraordinaire. Dis ce que c'est. Parle au passé en prenant une voix de personne âgée.

5 💻 Recherche sur Internet des informations sur les hommes et les femmes célèbres de ton pays. Note ces renseignements sur deux ou trois fiches.

6 Avec tes camarades, créez un jeu « Questions pour un champion » et jouez ! ➡ p. 71

Projet

Fabriquez « des mobiles chronologiques ».

A. Choisis des objets pour dire ce que tu as fait il y a un an, trois mois, pendant les vacances, il y a une semaine…
Par exemple :
– une feuille d'arbre pour dire que tu es allé(e) au parc.
– un ticket de cinéma pour dire que tu es allé(e) au cinéma.
– une bougie pour dire que tu as fêté ton anniversaire…

B. Suspends les objets chronologiquement sur un cintre ou un morceau de bois avec du fil. **Indique** le moment sur des étiquettes accrochées au mobile.

C. Avec tes camarades, **exposez** vos mobiles et **racontez** vos histoires.

D. Écris un texte qui raconte tout ce que tu as fait, où tu es allé(e), quand, avec qui.

E. Avec tes camarades, **exposez** vos textes à côté de vos mobiles.

Mes chansons

Aujourd'hui c'est la rentrée
Zut et qu'ça saute ! 2010

J'ai bien rangé ma chambre
Préparé mes habits
Bien pliés au bout de mon lit

J'ai réglé mon réveil
J'avais pas trop sommeil
Je me suis couché tôt bonne nuit

J'suis content et j'ai même pas peur
Aujourd'hui c'est la rentrée
Mais faut quand même arriver à l'heure
Aujourd'hui c'est la rentrée
Je tiens fort la main de maman
Aujourd'hui c'est la rentrée
Et j'avance à pas de géant
Aujourd'hui c'est la rentrée

J'ai un cartable tout nouveau
Aujourd'hui c'est la rentrée
Une jolie trousse pleine de stylos
Aujourd'hui c'est la rentrée
Devant la grille de l'école
Aujourd'hui c'est la rentrée
J'ai un peu le cœur qui s'affole
**Aujourd'hui aujourd'hui aujourd'hui
c'est la rentrée !**

Est-ce que la maîtresse sera gentille ?
Y aura-t-il des frites à la cantine ?
La récréation dure-t-elle longtemps ?

J'étais grand chez les petits,
maintenant j'suis petit chez les grands !
Dans la cour, je connais personne
Aujourd'hui c'est la rentrée
Et voilà la cloche qui sonne
Aujourd'hui c'est la rentrée
J'fais un bisou à mes parents
Aujourd'hui c'est la rentrée
On nous dit de nous mettre en rang
**Aujourd'hui aujourd'hui aujourd'hui
c'est la rentrée !**

Est-ce que la maîtresse est un monsieur ?
Est-ce que dans la classe, y aura des jeux ?
Est-ce qu'on nous donnera plein de devoirs ?
Qui nous empêchent de voir la télé et de jouer le soir

J'suis assis à côté d'Manon
Aujourd'hui c'est la rentrée
La maîtresse nous écrit son nom
Aujourd'hui c'est la rentrée
Elle nous dit d'ouvrir nos cahiers
Aujourd'hui c'est la rentrée
C'est parti pour toute une année
**Aujourd'hui aujourd'hui aujourd'hui
c'est la rentrée !**

Je rentre de l'école
Ma chemise est tachée
Et mon beau pantalon troué
J'ai des nouveaux copains
Plein de choses à raconter
Aujourd'hui c'était la rentrée !

À chacun sa tête
Zut et qu'ça saute ! 2010

Ce matin, quand j'ai croisé le facteur
Ouh là là ce que j'ai eu peur
Il a un gros nez et d'horribles moustaches
Si tu le vois, il faut que tu te caches
J'vais pas vous faire un dessin
Il a une tête d'assassin !

*Mais comme dit mon tonton, mais comme dit mon tonton René
« Les apparences faut pas,
non les apparences faut pas s'y fier ! »*

**Refrain
À chacun à chacun à chacun sa tête
C'est pas parce qu'on a l'air un peu différent
À chacun à chacun à chacun sa tête
Qu'on est forcément bête ou méchant**

Un peu plus tard, j'arrive chez l'épicier
Il a des lunettes à triple foyer
Ça lui fait des yeux de hibou
Il a pas dû inventer le garde-boue
J'vais pas vous faire un couplet
Il a une tête de simplet !

*Mais comme dit mon tonton, mais comme dit mon tonton René
« Les apparences faut pas,
non les apparences faut pas s'y fier ! »*

Refrain

**Y'en a qui ont une tête qui te revient pas
Y'en a qui ont une tête très très sympa
Y'en a qui te font ni chaud ni froid
Et y'en a même qui se payent ta tête à toi**

Ch la chance voilà la voisine
Elle est belle comme dans les magazines

Elle a des yeux, une vraie princesse
Et des cheveux qui tombent jusqu'aux fesses
J'vous en fais pas une histoire
Elle a une vraie tête de star
Mais elle a dit :
« Allez Microbe mais tu vas dégager ? »

*Il a bien raison tonton, il a bien raison tonton René
Les apparences faut pas s'y fier ! »*

Refrain

Et toi, quand tu oublies tes affaires : tête en l'air !
Quand tu t'prends pour une vedette : t'as la grosse tête !
Quand t'es pas bien réveillé : tête dans l'pâté !
Tu veux te battre à la récré : tête au carré !
Tête de lard, tête de mule, tête de linotte,
Tête de cochon, tête à claques !
*« De toute façons, on change de tête
tous les quarts d'heure alors... »*
On va chanter à tue-tête !

Refrain

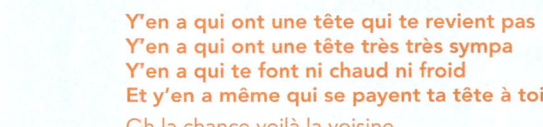

Les pelouses interdites
Zut et qu'ça saute ! 2010

Y'a plein de choses qu'on nous dit de ne pas faire
On comprend pas toujours pourquoi
Faudrait quand même qu'on nous explique car c'est pas clair
Pourquoi faire ci et pas faire ça ?
Alors que moi....

Refrain
J'aime bien les pelouses interdites
Pour faire un pique-nique
Avec les copains
J'aime bien juste après l'école
Y faire des cabrioles
Marcher sur les mains

Dans les musées ou bien dans les magasins
On ne peut toucher qu'avec les yeux
On m'dit d'me taire « tiens ta langue et tiens-la bien »
Qu'est-ce qu'on peut faire ? Qu'est-ce qu'on nous veut ?

Refrain

Au restaurant ou quand on est invité
Faut pas manger avec les doigts
Faut tout finir et puis surtout pas bouger
Qu'est-ce qu'on peut faire ? Qu'est-ce qu'il faut pas ?

Refrain
La vie serait plus facile s'il n'y avait pas
Des « Surtout fais pas ci »
Et des « Alors là tu fais jamais ça ! »

Refrain
J'aime bien les pelouses interdites
Pour faire un pique-nique
Avec les copains
J'aime bien juste après l'école
Y faire des cabrioles
Chercher des bestioles
Jouer au football
Faire la farandole
Jouer du rock'n roll
Avec la coupe au bol
Faire des courses folles
Chatouiller Nicole
Chercher du pétrole
Laver mes casseroles
Do ré mi fa sol
Partir en gondole

J'aime bien juste après l'école
Y faire des cabrioles
Avec les copains !

Iiiiii une souris !
ABCD Zut, 2012

Iiiii dans la cuisine un grand cri
Iiiii Mamie a vu une souris
Elle a bondi sur une chaise en poussant ce joli cri

Iiiii la souris toute ébahie
Iiiii a fait 3 pas tout petits
S'est enfuie sous le placard en emportant un biscuit

Mamie s'est évanouie
Pourtant elle avait l'air si gentille
Avec son joli poil gris
Qui ça, Mamie ?
Ben, non, la souris !

Ouch ! Ouille ! Bobo !
ABCD Zut, 2012

Ouch ! Ouille ! Bobo !
Oh làlàlàlà

Hou ! Dans le jardin de mamie
Ouille ! J'ai marché dans les orties
Ouah ! En courant à toute vitesse
Boum ! Je suis tombé sur les fesses

Ouhla ! Je me suis cogné la tête
Ouch ! Sur le bord de la fenêtre
Zou ! En fonçant dans l'escalier
J'ai cassé le bout de mon nez

Ouch ! Ouille ! Bobo !
Oyoyoyoyo

Ouhla ! J'ai goûté à la moutarde
Gloups ! Ça m'a fait couler des larmes
Aouh ! J'ai laissé mes doigts coincés
Houm ! Dans la porte des WC

Ooooh ! J'ai des bleus un peu partout
Ouh ! Des croûtes sur les genoux
Ohla ! Je me demande pourquoi
Tout ça n'arrive qu'à moi

Attention où tu mets les pieds
Ou tu vas finir tout cabossé

Ouch ! Ouille ! Bobo ! (trois fois)

J'aimais bien mon rêve
Zut Mon œil ! 2005

Moi je nage au fond de l'eau
Au milieu des baleines
Je caresse leurs dos
Je suis leur capitaine
Aucun mal pour respirer
L'océan moi, j'y suis né

Un instant après je vole dans les nuages
Je plane et plonge en piqué
Parmi les oies sauvages
Qu'elle fait petite la maison
On dirait une boîte en carton

Refrain
J'aimais bien mon rêve, j'aimais bien mon rêve
Il s'en est allé comme le soleil à l'horizon
J'aimais bien mon rêve, j'aimais bien mon rêve
Il s'est envolé comme une petite bulle de savon

Je voyage autour du monde
Au bras d'une magicienne
Et sa chevelure blonde
Comme le vent nous emmène
Nous emporte d'île en île
De l'Afrique jusqu'au Brésil

Et puis d'un coup de baguette magique
On est propulsé dans un vaisseau cosmique
Et on surfe sur les comètes
On slalome entre les planètes

Refrain

On peut vivre tellement d'aventures
Allongé sous ses couvertures
Tant de voyages à découvrir
Quand vient l'heure de s'endormir

Refrain

Mon chat est un chien
Zut Zut Zut !!! 2003

Quand on rentre le soir
Il vient tout d'suite nous voir
Il nous connaît bien, mon chat est un chien

Il remue sa queue blanche
Et quand on se penche
Il nous lèche la main, mon chat est un chien

Il reste devant la porte, attend qu'on le sorte
Pour l'pipi du matin, mon chat est un chien

Refrain
Même lorsqu'il détale à perdre haleine
La p'tite baballe il la ramène
Il attend tout le temps des caresses
Et sûrement aussi sa laisse

Et il n'a jamais pris un oiseau une souris
Ça ne lui fait rien, mon chat est un chien

Jamais il ne ronronne
L'est pourtant pas aphone
Il grogne pour un rien, mon chat est un chien

Il peut même être féroce pour garder son os
Il doit avoir un grain, mon chat est un chien

Refrain

On a peut-être eu tort de l'appeler Médor
Quel drôle de félin, mon chat est un chien
Quel drôle de félin, mon chat est un chien

Unité 1 : Tous différents

 **D'où reviennent-ils ?**

1 Écoute et écris les numéros. Attention aux intrus !

2 Lis et écris la bonne lettre au bon endroit. Attention aux pièges !

a. Elle revient du Sénégal avec sa cousine Maty et son cousin Abdou.
b. Elle revient d'Allemagne. Maggie prend son sac. Léo prend sa valise.
c. Le touriste américain demande une information à l'hôtesse.
d. Deux Japonais se saluent pour se dire bonjour.
e. Une grand-mère embrasse sa petite fille sur la tête.

3. Choisis une couleur différente pour chaque nombre. Colorie les nombres dans la grille. →↓↘

- [ ] six
- [ ] soixante-dix
- [ ] quatre-vingt-onze
- [ ] cent vingt-huit
- [x] trois cent trente-deux
- [ ] quatre cent soixante-dix-huit
- [ ] cinq cent quatre-vingt-deux
- [ ] huit cent quatorze
- [ ] sept cent quarante-cinq

1	2	8	7	9
4	7	0	4	1
5	7	6	5	3
8	6	8	6	3
2	8	1	4	2

4. Regarde la grille. Écris les nombres en chiffres et en lettres.

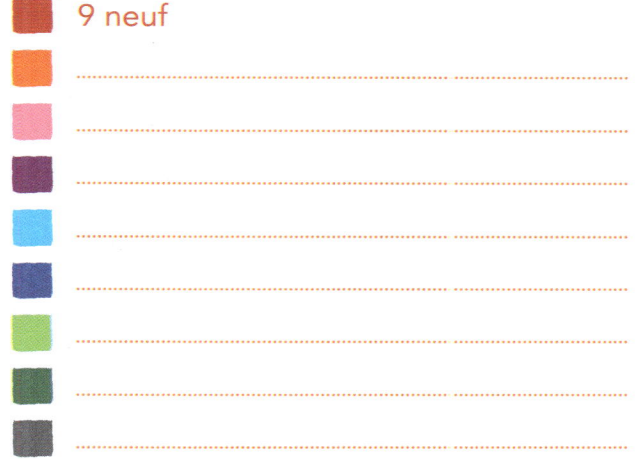

- 9 neuf
- ....
- ....
- ....
- ....
- ....
- ....
- ....
- ....

5. CD1 — Écoute la chanson « Aujourd'hui c'est la rentrée ». Coche les dessins qui correspondent à la chanson.

6. Autodictée. Apprends à écrire par cœur la phrase suivante.

Je reviens de vacances.

Unité 1 — Leçon 2 — Peux-tu décrire le physique de quelqu'un ?

1. 🎧 CD3 21 Écoute et complète les dessins.

2. Observe le dessin de l'exercice 1, lis et dis qui c'est.

a. Elle a les yeux bleus, les cheveux longs, blonds et bouclés.
C'est _____.

b. Il a les cheveux noirs, courts et en brosse. Il a les yeux marron.
C'est le plus jeune de la famille. C'est _____.

c. Il a les cheveux courts et roux. Il a une moustache rousse
et les yeux noirs. C'est _____.

d. Elle a les cheveux roux, longs et raides. Elle a des tresses.
Elle a les yeux verts. C'est _____.

e. Elle est mince. Elle a les cheveux gris mi-longs et des lunettes.
Elle a les yeux verts. C'est _____.

3. Complète le mot-croisé.

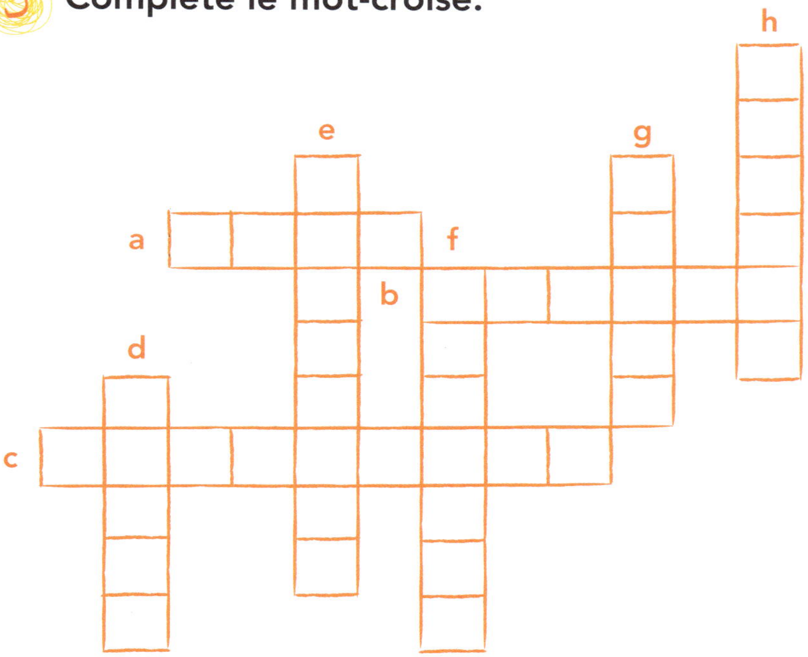

a. Nathalie a les .... verts.
b. Les cheveux de Sophie sont ....
c. La .... du père est rousse.
d. Benjamin a les yeux marron ....
e. La grand-mère porte des ....
f. La mère a les cheveux mi-longs .... et blonds.
g. Les cheveux de Sophie et de Nathalie sont ....
h. Benjamin a les cheveux en ....

4. Décris les cheveux d'Alice.

a. Alice à l'âge de 9 ans.

b. Alice à l'âge de 10 ans.

c. Alice à l'âge de 11 ans.

5. Décris physiquement une célébrité. Fais deviner son nom.

6. Autodictée.

Bob et Tom se ressemblent beaucoup.

Unité 1 — Leçon 3 : Peux-tu décrire le caractère de quelqu'un ?

1. 🎧 CD3 · 22 — Écoute et complète avec les autocollants page A.

Jean	Nicolas	Joëlle
Clara	Adrien	Manon

2. Lis les phrases et écris le numéro de la personne correspondante.

a. Élise prête son taille-crayon à sa voisine. Elle est gentille. N°........

b. Pierre porte des lunettes noires. Il est fort en maths. N°........

c. Paul et Virginie n'ont pas de cahier sur leur table. Ils sont bavards. N°........ et N°........

d. Damien pose la tête sur sa table. Il est paresseux. N°........

e. Monsieur Einstein est en train d'écrire au tableau. Il est très intelligent. N°........

3) Écris les mots dans l'ordre pour faire des phrases.

a. | il | timide | de | est | Malou | amoureux | Nicolas | mais | est | . |

....

b. | courageuses | sont | Lola et Lili | . | ont | du | pas | . | peur | n' | Elles | serpent |

....

c. | sages | jumelles | et | sont | très | japonaises | studieuses | très | . | Les |

....

4) Complète les caractères avec ton voisin puis parle avec ta classe.

a. Nous savons que Tom est .... et que Bob est ....

b. Nous savons qu'Azur et Asmar sont ....

c. À notre avis, Maggie est ....

d. Nous pensons que Léo est ....

e. Nous trouvons qu'Alice est ....

5) Autodictée.

Bob est studieux. Tom est un peu paresseux.

Unité 1

... des mots pour dire le contraire

1. Colorie les mots « contraires » de la même couleur.

pareilles   petite   gentil   différentes   faibles
studieuses   peureux   grande   légère   paresseuses
forts   lourde   méchant   courageux

2. Écris les mots de l'exercice 1 au bon endroit dans le tableau.

un garçon	une fille	deux garçons	deux filles

3. Choisis deux contraires (exercice 1) et écris deux phrases.

....

....

... des verbes au présent

4. Relie chaque verbe à sa conjugaison puis complète les phrases.

AVOIR — ai   es   est   sommes   avez   ont

ÊTRE — suis   as — a   avons   êtes   sont

ALLER — viens   viens   va   venons   allez   viennent

VENIR — vais   vas   vient   allons   venez   vont

a. Tu .... un frère très gentil.
b. Nous .... tous différents.
c. Il ne .... pas au cinéma ce soir.
d. Ils .... chez moi.
e. Je re............................... du Sénégal.
f. Vous .... de quel pays ?

... des phrases pour comparer

5. Lis les informations et complète les phrases.

La statue de la Liberté — La tour Eiffel — La baleine — L'éléphant d'Afrique — Alice

Marie — Bob — Tom — Azur et Asmar

a. .... est moins paresseux que ....
b. .... est plus haute que ....
c. .... est aussi grande que ....
d. .... est plus lourde que ....
e. .... est aussi bagarreur que ....

... à l'oreille !

6. Colorie quand tu entends le son (ien).

7. Recopie seulement les mots que tu as coloriés et écris-les au féminin.

un chat – un magicien – un dalmatien – un pharmacien – un chien – un lapin

Masculin	Féminin
	une chienne

43

Unité 1

Je révise.

1 🎧 CD3 23 **Écoute et complète la carte mentale de Sophie.**

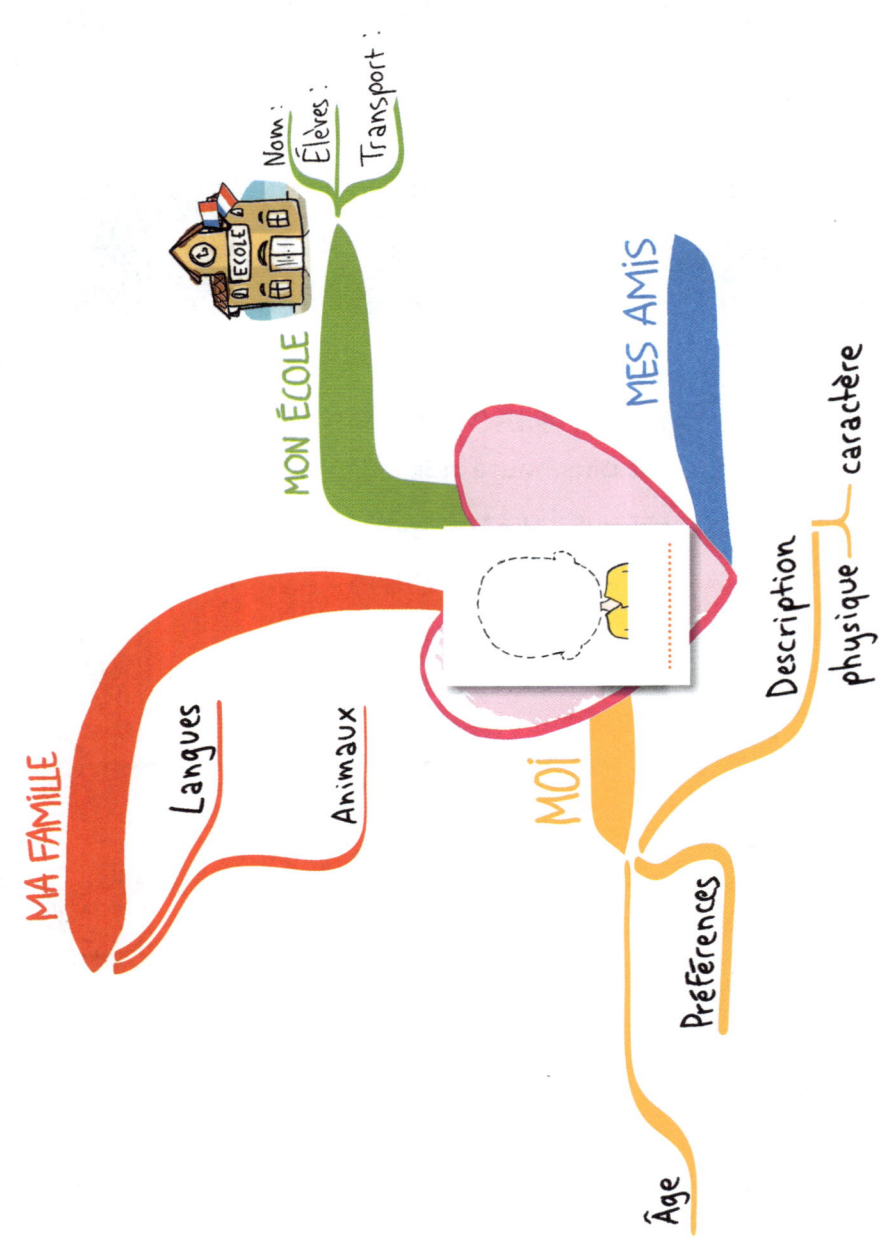

44

2 Reconstitue la poésie « Inspection générale » à l'aide des autocollants page A. Puis écoute pour vérifier.

3 Autodictées. Écris de mémoire les trois phrases de cette unité.

Colle ta coupe de champion.

Unité 2 : Des jardiniers en herbe

 Leçon 1

 Que font-ils ?

1 CD3 24 Écoute et écris le numéro.

 architecte
 photographe
 jardinier
 herboriste
 paysagiste
 peintre

2 Lis et dis qui c'est.

a. Il est sur le pont. Il parle avec les parents de Maggie, Léo et Alice.
   C'est ....

b. C'est une fille. Elle ne joue pas à l'herboriste. Elle ne prend pas de photos.
   C'est ....

c. C'est un monsieur. Il transporte des feuilles et de l'herbe dans sa brouette.
   C'est ....

d. Il peint l'étang et les nénuphars. Il dit à Aïcha de ne pas marcher sur les plantes.
   C'est ....

e. Elle présente son collègue paysagiste à son mari.
   C'est ....

3. Écris les dates en chiffres.

a. Claude Monet naît à Paris en mille huit cent quarante. __ __ __ __

b. Il peint le tableau *Nymphéas* en mille neuf cent sept. __ __ __ __

c. Il meurt à Giverny en mille neuf cent vingt-six. __ __ __ __

4. Complète les opérations en lettres. Tu peux poser les opérations en chiffres dans le cadre vide.

a. sept mille huit cent soixante-cinq
− trois mille deux cent quatre-vingt-dix-sept
= ....

b. mille quatre-vingt dix-neuf
× trois
= ....

c. deux mille deux cent vingt-deux
+ cinq mille six cent quarante-trois
= ....

5. Lis le document et complète les phrases.

Horaires et tarifs
La Fondation Claude Monet est ouverte tous les jours du 29 mars au 1er novembre de 9h30 à 18h00.
Tarifs d'entrée : Maison et jardins
Adultes : 9,50 euros
Enfants – de 12 ans : 5 euros
Enfants – de 7 ans : gratuit

Accès À 75 km de Paris
En train : gare de Vernon
(de Paris, prendre le train à la gare Saint-Lazare)
Navette de bus : Vernon-Giverny
(8 euros aller / retour – Départ des navettes 15 minutes après l'arrivée des trains venant de Paris)
En voiture : autoroute A13 ou A28 (8 euros aller / retour)

a. La fondation Claude Monet .... du 29 mars au 1er novembre de 9h30 à 18h00.

b. Le montant à payer pour un adulte et deux enfants de plus de 7 ans et de moins de 12 ans est de ....

c. La fondation Claude Monet se trouve .... de Paris.

d. Pour aller de la gare de Vernon à Giverny, il faut prendre ....

6. Autodictée.

Ils visitent la maison et le jardin du peintre.

Unité 2 • Leçon 2 — Veux-tu te promener ?

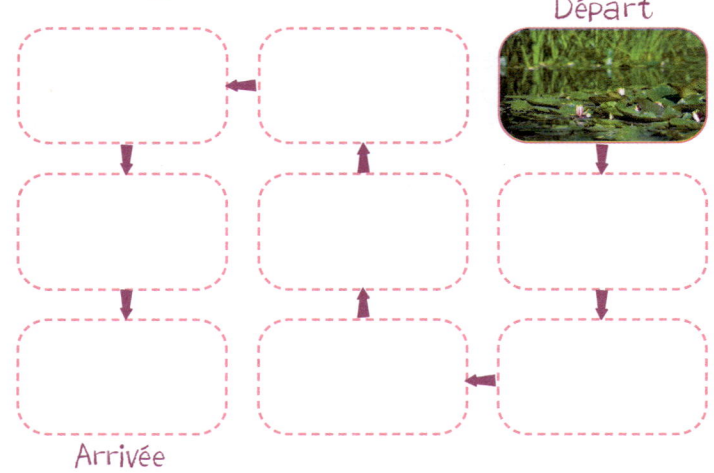

Départ

Arrivée

1 CD3 25 Écoute l'itinéraire de Bruno à Giverny et complète avec les autocollants page B.

2 Écoute ton professeur épeler les mots de l'exercice 1. Complète au singulier puis au pluriel en respectant les couleurs.

Singulier	Pluriel
1. l'étang	1. les étangs
2. le _ _ _ _	2. les _ _ _ _ _
3. l' _ _ _ _ _	3. les _ _ _ _ _ _
4. l' _ _ _ _ _ _ _ _	4. les _ _ _ _ _ _ _ _ _
5. la _ _ _ _ _ _ _ _ _ _	5. les _ _ _ _ _ _ _ _ _ _ _
6. la _ _ _ _ _ _ _	6. les _ _ _ _ _ _ _ _
7. la _ _ _ _ _ _ _ _ _ _	7. les _ _ _ _ _ _ _ _ _ _ _
8. le _ _ _ _ _	8. les _ _ _ _ _ _
9. la _ _ _ _ _ _ _	9. les _ _ _ _ _ _ _ _

3 Retrouve la phrase cachée. Recopie-la et illustre-la.

| Dans le potager, | et des carottes. | plante avec son plantoir | trois graines |
| au milieu des tomates | Jacques le jardinier | de haricots magiques |

Complète le verbe *se promener* au présent avec *me / te / se / nous / vous / promèn / promen / e / es / ons / ez / ent*.

a. Je .... dans le potager pour observer les légumes.
b. Tu .... au milieu de l'allée pour sentir les fleurs.
c. Elle .... dans les bois pour réfléchir.
d. Ils .... dans le verger pour regarder les fruits.
e. Nous .... sur la plage pour ramasser des coquillages.
f. Vous .... au jardin des Plantes à Paris.

 Écris une poésie à la manière de Jacques Charpentreau. Lis l'exemple de Léo.

L'arbre
Perdu au milieu de la ville
L'arbre tout seul, à quoi sert-il ?
Les parkings, c'est pour stationner,
Les camions pour embouteiller,
Les motos pour pétarader,
Les vélos pour se faufiler.
L'arbre tout seul, à quoi sert-il ?

Il suffit de le demander
À l'oiseau qui chante à la cime.
D'après Jacques Charpentreau

La lune
Perdue au milieu du ciel
La lune toute seule, à quoi sert-elle ?
Les nuages, c'est pour neiger,
Les étoiles pour briller,
Les satellites pour tourner,
Les planètes pour habiter.
La lune toute seule, à quoi sert-elle ?

Il suffit de le demander
À l'astronaute qui rêve d'y aller.
Léo Legrand (à la manière de J. Charpentreau)

....
Perdu.................... au milieu ....
.... tout seul, à quoi sert-.................... ?
Les .... , c'est pour .... ,
Les .... pour .... ,
Les .... pour .... ,
Les .... pour ....
.... tout seul, à quoi sert.................... ?
Il suffit de le demander
À .... qui ....
.... (à la manière de J. Charpentreau)

 Autodictée.

Nous nous promenons dehors, au milieu des fleurs.

Unité 2 — Leçon 3 — Tu veux jouer à l'herboriste ?

1 🎧 CD3 26 Écoute et dessine ce dont tu as besoin.

2 Lis et relie. Puis recopie ces mots dans l'ordre alphabétique.

| une graine | une plante | un arbre | une feuille | un fruit |

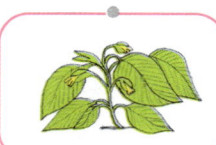

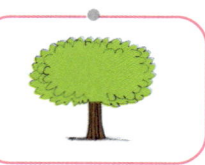

……………………   ……………………   ……………………   ……………………   ……………………

3 Complète les phrases avec *Je, Tu, Il, Elle, On, Nous, Vous, Ils* ou *Elles*.

a. ………………… coup**es** les feuilles et les fleurs avec un sécateur.
b. ………………… sèch**ent** entre les pages d'un journal.
c. ………………… dépos**e** les feuilles et les fleurs dans le panier.
d. ………………… not**e** les observations sur un carnet.
e. ………………… observ**ez** et class**ez** les feuilles et les fleurs avec un livre de botanique.
f. ………………… coll**ons** les fleurs et les feuilles dans notre herbier avec du ruban adhésif.

Retrouve les deux interdictions mélangées et recopie-les. Invente deux nouvelles interdictions pour ta classe de français.

a. de marcher / Il est interdit / les champignons. / sur la pelouse. / de cueillir / Il est interdit

....
....

b. Dans ma classe de français, ...
....

 CD1 28 Écoute la chanson « Les pelouses interdites ». Numérote les illustrations dans l'ordre. Colorie l'illustration qui correspond au refrain.

 Autodictée.

Vous faites sécher les fleurs entre les pages d'un journal.

Unité 2

... des mots de la même famille

1. Pour chaque liste, recopie les mots dans l'ordre alphabétique et entoure les mots de la même famille.

a. rêver | sécateur | rêve | rêveur | revenir | rêveuse

....

b. arrosoir | arbre | arroser | astronaute | atterrir | arroseur

....

... des verbes à l'infinitif

2. Entoure le verbe et écris l'infinitif.

a. Je (lis) un livre dans mon lit. ➜ lire
b. Vous gommez avec la gomme. ➜ ....
c. Tu plantes la plante avec le plantoir. ➜ ....
d. Ils jardinent dans le jardin. ➜ ....
e. La souris sourit en mangeant du riz. ➜ ....
f. Nous savons utiliser le savon. ➜ ....

3. Conjugue les verbes au présent.

a. grandir ➜ Nous .... un peu tous les jours.
b. écrire ➜ Ils .... une belle histoire.
c. arroser ➜ J' .... mes plantes tous les soirs.
d. aller ➜ Elle .... nager dans l'étang.
e. avoir ➜ Tu n' .... pas de tableaux de Monet chez toi.
f. être ➜ Vous n' .... pas encore des peintres célèbres.

4. Recopie les infinitifs des verbes des exercices 2 et 3 dans le bon tableau.

1er groupe LES « NOMBREUX » : les verbes en –ER	2e groupe LES « ISSEZ » : les verbes en –IR
1.	1. ....
2.	2. ....
3.	3. ....
4.	4. ....

3ᵉ groupe LES « IRRÉGULIERS »	
1.	5. ....
2.	6. ....
3.	7. ....
4.	8. ....

... des phrases *avec qui*

5. Transforme les phrases comme dans l'exemple. Utilise *qui*.

a. Sacha est un garçon de 9 ans. Il porte un pantalon bleu.
Sacha est un garçon de 9 ans **qui** porte un pantalon bleu.

b. Léo et Aïcha adorent les peintures de Monet. Elles montrent son jardin et son étang.
Léo et Aïcha adorent les peintures de Monet ....

c. Maggie attrape les papillons. Ils volent au bord de l'étang.
....

d. Jeanne Legrand présente Monsieur Khoury. Il travaille avec elle.
....

6. Complète avec la lettre *g*. Lis puis entoure l'intrus.

......ris – une ......are – un ......arçon – une ......irafe – ......rand –
......abor – ......randir – se ......arer

7. Recopie les mots de la liste dans la bonne colonne.

un garage – un jardin – une jupe – une girafe – jaune – gris – une gare – un garçon – grand – Gabor – grandir – se garer – un garagiste

G	G et J	J
Gabor,	un garage,	un jardin,

Unité 2

Je révise.

 **1** 🎧 24 **Complète la poésie « L'arbre » à l'aide des autocollants page B. Puis écoute pour vérifier.**

L'

Perdu au milieu de la

L'   tout seul, à quoi sert-il ?

Les   , c'est pour stationner,

Les   pour embouteiller,

Les   pour pétarader,

Les   pour se faufiler.

L'   tout seul, à quoi sert-il ?

Les   , c'est pour habiter,

Les   pour acheter,

Les   pour illuminer,

Les   pour traverser.

L'   tout seul, à quoi sert-il ?

Les   pour présider,

Les   , c'est pour regarder,

Les   pour se dépêcher,

Les   pour s'amuser.

L'   tout seul, à quoi sert-il ?

Il suffit de le demander

À l'   qui chante à la cime.

D'après Jacques Charpentreau

2 🎧 CD3 27 Écoute les définitions et colorie. Attention aux intrus !

  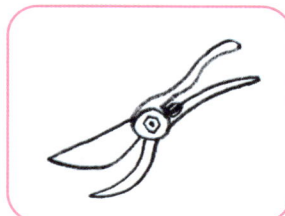 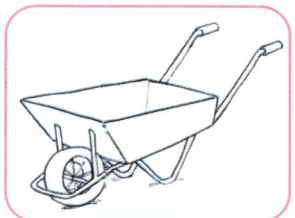

 3 Cherche dans ton dictionnaire (pages 74 à 79) la définition du mot « abécédaire » et recopie-la.

....

....

....

4 Autodictées. Écris de mémoire les trois phrases de cette unité.

....

....

....

Colle ta coupe de champion.

Unité 3 : Le passé, c'est passé ! — Leçon 1

Que s'est-il passé ?

1 Écoute Milo et écris l'heure.

 **2** Observe les dessins et complète les bulles avec les autocollants page B.

Alice

Léo

Observe la grande image. Lis et réponds par vrai, faux ou je ne sais pas.

a. Maggie s'est cassé le bras droit. ....
b. William s'est cassé le pied gauche. ....
c. Jojo est allé à l'hôpital avec Maggie et Jeanne. ....
d. Marie a acheté de la viande à la boucherie. ....
e. L'amie de la dame qui téléphone est déjà entrée dans le cinéma. ....
f. La dame qui promène son chien a raté son bus. ....
g. Le chat de la petite fille qui pleure est monté à la cime de l'arbre. ....
h. La jeune fille qui porte une guitare est allée au cours de tennis avec son ami. ....

Écris l'infinitif des verbes. Entoure les deux intrus. Explique pourquoi.

a. Je **suis monté** dans le bus. Tu **es descendue** du bus.	....	....
b. Il **a chanté** une chanson. Elle **a eu** mal aux oreilles.	....	....
c. Nous **sommes allés** à Paris. Vous **êtes partis** à Versailles.	....	....
d. Ils **sont entrés** dans la boucherie. Elles **sont sorties**.	....	....

 Autodictée.

> Si tu es un garçon : Aujourd'hui, je **me suis levé** à sept heures.

> Si tu es une fille : Aujourd'hui, je **me suis levée** à sept heures.

Unité 3 • Leçon 2 — Tu es malade ? Tu t'es fait mal ?

1 Écoute et complète le dessin.

2 **Lis et trouve le coupable.**

L'inspecteur Malin mène l'enquête.
Il cherche qui a volé la boîte
à pharmacie de l'école. Aide-le !
L'inspecteur Malin sait que :
Le voleur n'a pas saigné du nez.

Il ne s'est pas coupé à la main.
Il ne s'est pas fait un bleu à la jambe.
Il a une bosse sur le front.
Il s'est cassé le pied gauche.

Le voleur porte le matricule __ __ __ __.

| 2014 | 3741 | 6718 | 4291 | 3219 |

3 **Décris un autre voleur. Fais-le deviner à ton voisin ou à ta voisine. Dis s'il / si elle a trouvé ou non.**

Le voleur ....
....
....

Mon voisin / Ma voisine pense que le suspect porte le matricule __ __ __ __.

Oui / Non, il porte le matricule __ __ __ __.

④ **Raconte ce qui s'est passé avec ou sans les autocollants page C.**

⑤  **Écoute la chanson « Ouch ! Ouille ! Bobo ! ». Complète le texte.**

Ouch ! Ouille ! Bobo !
Oh làlàlàlà
Hou ! Dans .... de mamie
Ouille ! J'ai marché dans les orties
Ouah ! En courant à toute vitesse
Boum ! Je .... sur les fesses
Ouhla ! Je ....
Ouch ! Sur le bord de ....
Zou ! En fonçant dans l'escalier
J'ai cassé le bout de ....
Ouch ! Ouille ! Bobo !
Oyoyoyoyo
Ouhla ! J'ai goûté à la moutarde
Gloups ! Ça m'a fait couler des larmes
Aouh ! J'ai laissé mes doigts coincés

Houm ! Dans la porte des WC
Ooooh ! J'ai ....
un peu partout
Ouh ! Des croûtes sur ....
Ohla ! Je me demande pourquoi
Tout ça n'arrive qu'à moi
Attention où tu mets ....
Ou tu vas finir tout cabossé
Ouch ! Ouille ! Bobo ! (trois fois)

⑥ **Autodictée.**

> Hier, tu t'es cassé le bras dans la cour.

Unité 3 • Leçon 3 — Où es-tu allé ? Qu'as-tu fait ?

1. Écoute, montre et relie l'événement à la ligne du temps.

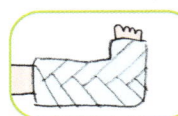   

aujourd'hui

  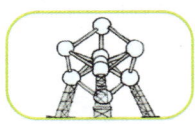

2. Observe les dessins, lis puis réponds aux questions.

l'année dernière — avant-hier soir — la semaine dernière — hier soir

il y a 5 ans — ce matin — à midi

a. Quand Pierre et Zoé sont-ils allés à la mer ?
   Pierre et Zoé sont allés à la mer l'année dernière.

b. Quand Zoé est-elle restée au lit ?

c. Quand Pierre a-t-il téléphoné à Zoé ?

d. Quand Pierre et Zoé se sont-ils rencontrés ?

e. Quand Pierre est-il tombé de son skate ?

f. Quand Pierre et Zoé sont-ils allés au théâtre ?

g. Quand Pierre et Zoé ont-ils joué au basket ?

3. Réécris chaque phrase au passé et à la forme négative comme dans l'exemple.

a. Je ne suis pas allé au Benin.
b. _____

c. _____
d. _____

e. _____
f. _____

4. **Autodictée.**

La semaine dernière, ils ont vu un très beau film.

Unité 3

... des mots pour dire quand

1. Retrouve les mots cachés.
a. rieh ➜ hier
b. vanta ➜ ....
c. l'nnéea ednrière ➜ ....
d. a y il ➜ ....
e. ec natim ➜ ....
f. rieh rios ➜ ....
g. ne 2014 ➜ ....

2. Lis et réponds.
a. En quelle année as-tu appris le français pour la première fois ?
....

b. Quand es-tu allé(e) au cinéma pour la dernière fois ?
....

c. À quelle heure t'es-tu couché(e) hier soir ?
....

... des verbes au passé composé

3. Colorie les phrases au passé composé.
a. Je me lève très tôt.
b. Tu t'es promené avec ta sœur en ville.
c. Nous avons appris notre poésie.
d. Fermez vos livres !
e. Tu n'as pas récité ta conjugaison.
f. Ils ont fermé la porte à clé.
g. Vous avez eu la varicelle.
h. Tu t'es cogné la tête.
i. Chantons une chanson du groupe Zut !

4. Écris le participe passé et l'infinitif des verbes puis recopie-les dans la bonne colonne.
a. J'ai lu un livre. ➜ lu – lire
b. Nous sommes allés à la plage.
➜ ....
c. Vous avez visité le jardin de Monet.
➜ ....
d. Ils sont repartis au Sénégal.
➜ ....
e. Bravo, tu n'es pas tombée !
➜ ....
f. Elle a appelé son ami.
➜ ....
g. Nous avons eu de bonnes notes.
➜ ....
h. Gabor s'est garé dans le garage.
➜ ....

Avoir + PP	Être + PP
lire – lu	

... des phrases au passé

5. Observe le tableau puis complète les phrases au passé composé.

Avoir + PP	Être + PP
peindre – peint	se laver – lavé(e)(s)
marcher – marché	mourir – mort(e)(s)
prendre – pris	tomber – tombé(e)(s)
faire – fait	venir – venu(e)(s)

a. Peindre ➤ Nous avons peint des tableaux à la manière de Monet.
b. Tomber ➤ Le chaton .... de l'arbre.
c. Se laver ➤ Je ....
d. Marcher ➤ Elles n' .... pas .... sur la pelouse.
e. Faire ➤ Vous .... vos devoirs.
f. Prendre ➤ Vous n' .... pas .... le bus ?
g. Mourir ➤ Le chat des Legrand ....
h. Venir ➤ Elle n' .... pas .... à la fête.

... à l'oreille !

6. Prononce les lettres dans le tableau pour trouver les phrases cachées. Écris-les à l'aide des étiquettes-mots puis illustre-les !

L A K C C 2 L	G H E T D D
....	....
....	....

| J'ai | deux | cassé | a | Elle | des | ses | dés. | ailes. | acheté |

63

Unité 3

 **Je révise.**

1 Écoute et choisis le bon mobile.

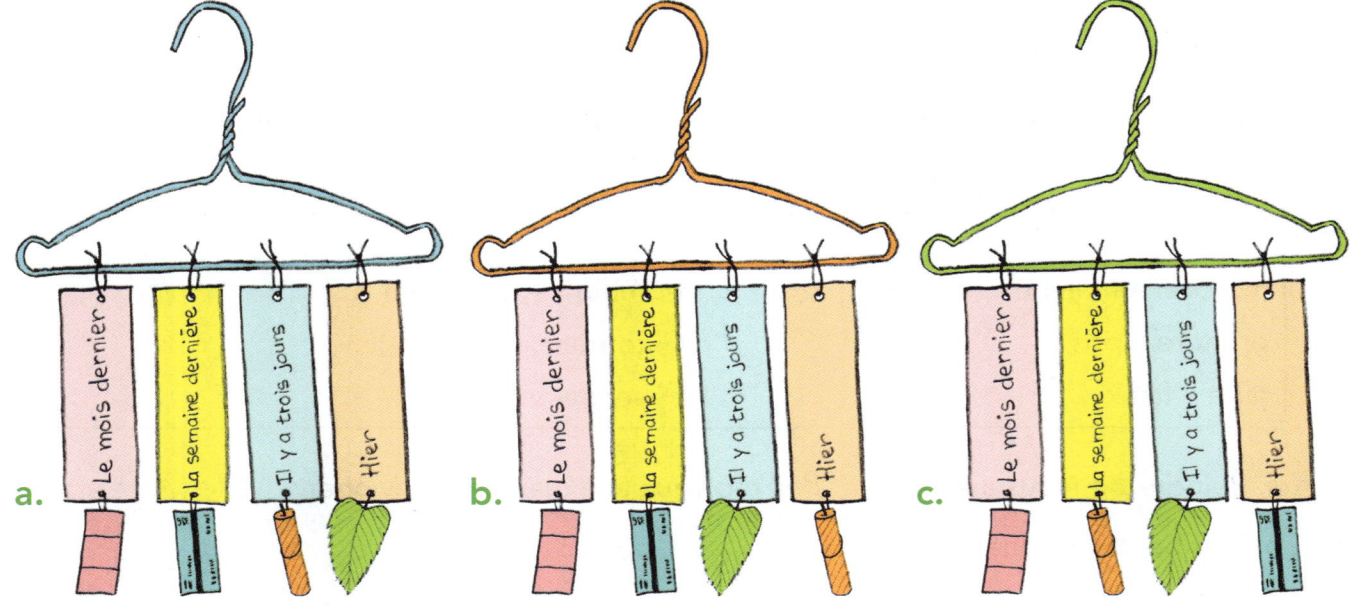

2 Cherche dans ton dictionnaire (pages 74 à 79) la définition du mot « mobile » et recopie-la.

3 Observe le mobile de William (exercice 2) et complète son texte avec les moments et « ai » ou « suis ».

« .... j'........... lu un livre qui s'appelle *Albert et Folio chez le vétérinaire*.

.... je .... allé au cinéma. J'........... vu un dessin animé très chouette !

.... je .... allé me promener dans le parc. J'........... ramassé des feuilles pour mon herbier.

.... j'........... été malade. Le docteur .... venu. Il m'........... donné des médicaments.

.... je .... resté chez moi. J'........... fait de la peinture.

.... j'........... joué avec le chien de mes voisins.

.... je .... monté au sommet de la tour Eiffel. »

4 Écris un texte, à la manière de William, pour accompagner ton mobile. Recopie-le au propre.

5 Autodictées. Écris de mémoire les trois phrases de cette unité.

Colle ta coupe de champion.

Mémo de conjugaison

Je sais conjuguer au présent

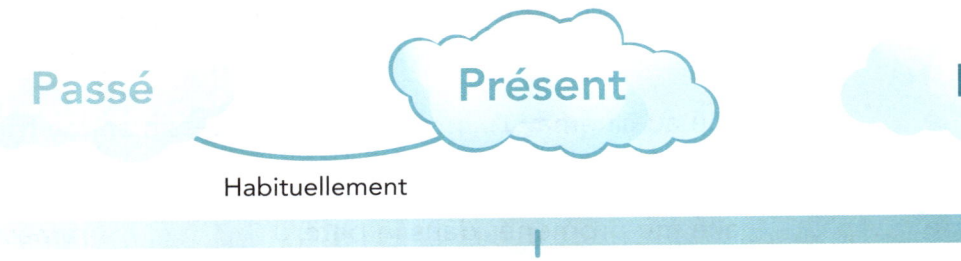

En 1895   Habituellement   Aujourd'hui / Maintenant

Pour dire ce qui se passe maintenant.
En ce moment, je révise ma conjugaison.

Pour décrire une habitude.
Habituellement, nous allons à la mer l'été.

Parfois pour raconter une histoire, parler de la vie d'une personne, d'une invention.
En 1895, les frères Lumière inventent le cinéma.

Être	Avoir	Faire	Aller
Je suis	J'ai	Je fais	Je vais
Tu es	Tu as	Tu fais	Tu vas
Il/Elle/On est	Il/Elle/On a	Il/Elle/On fait	Il/Elle/On va
Nous sommes	Nous avons	Nous faisons	Nous allons
Vous êtes	Vous avez	Vous faites	Vous allez
Ils/Elles sont	Ils/Elles ont	Ils/Elles font	Ils/Elles vont

Pouvoir	Vouloir	Devoir	Savoir
Je peux	Je veux	Je dois	Je sais
Tu peux	Tu veux	Tu dois	Tu sais
Il/Elle/On peut	Il/Elle/On veut	Il/Elle/On doit	Il/Elle/On sait
Nous pouvons	Nous voulons	Nous devons	Nous savons
Vous pouvez	Vous voulez	Vous devez	Vous savez
Ils/Elles peuvent	Ils/Elles veulent	Ils/Elles doivent	Ils/Elles savent

Parler	Acheter	Finir	Grandir
Je parle	J'achète	Je finis	Je grandis
Tu parles	Tu achètes	Tu finis	Tu grandis
Il/Elle/On parle	Il/Elle/On achète	Il/Elle/On finit	Il/Elle/On grandit
Nous parlons	Nous achetons	Nous finissons	Nous grandissons
Vous parlez	Vous achetez	Vous finissez	Vous grandissez
Ils/Elles parlent	Ils/Elles achètent	Ils/Elles finissent	Ils/Elles grandissent

Ven**ir**	Part**ir**	Pren**dre**	Vi**vre**
Je vien**s**	Je par**s**	Je prend**s**	Je vi**s**
Tu vien**s**	Tu par**s**	Tu prend**s**	Tu vi**s**
Il/Elle/On vien**t**	Il/Elle/On par**t**	Il/Elle/On prend	Il/Elle/On vi**t**
Nous **ven**on**s**	Nous part**ons**	Nous **pren**on**s**	Nous **viv**on**s**
Vous **ven**e**z**	Vous part**ez**	Vous **pren**e**z**	Vous **viv**e**z**
Ils/Elles **vienn**ent	Ils/Elles part**ent**	Ils/Elles **prenn**ent	Ils/Elles **viv**ent

Observe et complète.

La dernière lettre des verbes au présent avec *tu* est → .... ou ....

Les deux dernières lettres avec *ils, elles* au présent sont → ....

💡 Tu peux apprendre tes conjugaisons dans un ordre différent !
Pour tous les verbes au présent, *Les Loustics* te conseillent : Je – Tu – Il/Elle/On – Ils/Elles – Vous – Nous
Pour le verbe « faire » : Je – Tu – Il/Elle/On – Vous – Nous – Ils/Elles
Pour le verbe « être » : Je – Nous – Ils/Elles – Tu – Il/Elle/On – Vous
Que remarques-tu ?

Le présent, c'est facile !
Sujet + verbe au présent

Je sais conjuguer au passé composé

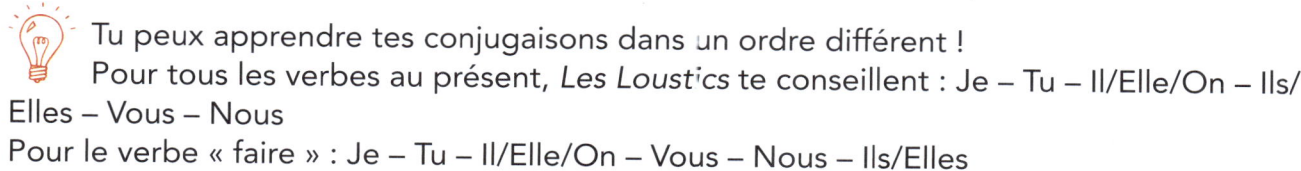

Passé — En 1895   L'année dernière   Il y a deux semaines…   Avant-hier   Ce matin   À 7h15 — Présent

Aujourd'hui / Maintenant

Pour dire ce qui s'est passé dans le passé.
Je me suis levée à 7h45.
Ce matin, tu as oublié ton cartable.
Avant-hier, elle a trouvé un chat dans la rue.
L'année dernière, nous sommes partis en vacances en Corse.
Il y a deux semaines, vous êtes tombés dans l'escalier.
En 1895, les frères Lumière ont inventé le cinéma.

Mémo de conjugaison

Observe et complète.

Le passé composé se compose de deux verbes :
.... + participe passé ou .... + participe passé

 Pour mémoriser les verbes qui utilisent *être* au présent + participe passé, *Les Loustics* te conseillent de mémoriser la triste histoire du chat des Legrand.

naître / est né(e)
arriver / est arrivé(e)
venir / est venu(e)
rester / est resté(e)
monter / est monté(e)
entrer / est entré(e)
passer / est passé(e)
partir / est parti(e)
sortir / est sorti(e)
aller / est allé(e)
descendre / est descendu(e)
tomber / est tombé(e)
mourir / est mort(e)

+ se réveiller / s'est réveillé(e) – se doucher / s'est douché(e) – s'habiller / s'est habillé(e) – …

Pour mémoriser quelques participes passés, *Les Loustics* te conseillent de les ranger par son au fur et à mesure que tu les rencontres. Que remarques-tu ?

son é	son i	son u	son è	autres sons
été	dormi	eu	fait	
parlé	fini	vu		
mangé	compris	lu		
joué	mis	couru		

Mémo de grammaire

L'accord des adjectifs : masculin/féminin, singulier/pluriel

	Masculin	Féminin
Singulier	Léo est intelligent. Il est curieux.	Alice est intelligente. Elle est curieuse.
Pluriel	Les garçons sont intelligents. Ils sont curieux.	Les filles sont intelligentes. Elles sont curieuses.

Le superlatif et le comparatif

Le superlatif :
Quentin est le plus grand.
Sophie est la moins grande.
Franck et Quentin sont les plus grands.

Le comparatif :
Franck est plus grand que Nathalie.
Sophie est moins grande que Lorenzo.
Sophie et Nathalie sont plus petites que Franck.
Lorenzo est aussi grand que Nathalie.
Nathalie est aussi grande que Lorenzo.

Le pronom relatif *qui*

Monet peint des nénuphars.
Qui peint des nénuphars ?
→ C'est Monet qui peint des nénuphars.

Maggie attrape un papillon.
Qui attrape un papillon ?
→ C'est Maggie qui attrape un papillon.

LES PROJETS DES LOUSTICS

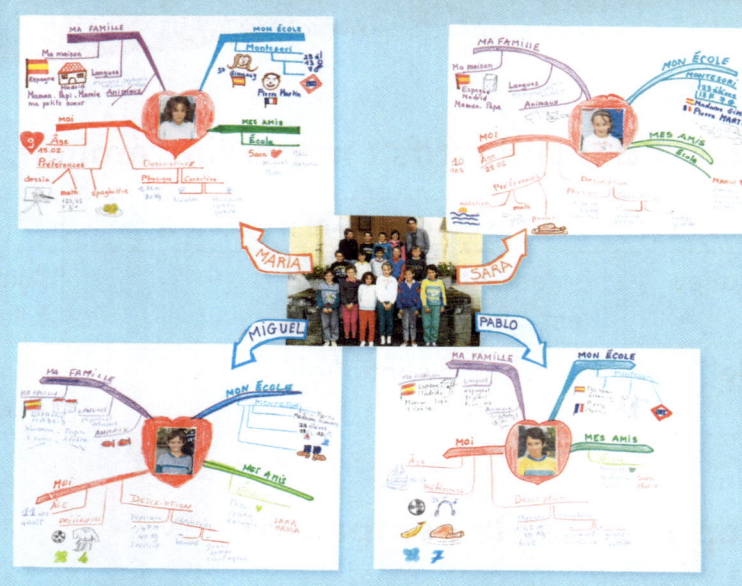

Unité 1
la carte mentale

Unité 2
l'abécédaire mural

Unité 3
le mobile chronologique

MES JEUS

Je suis comme toi parce que...
→ Unité 1 – Leçon 3 – page 9

Nombre de joueurs : Toute la classe. • **Matériel :** Aucun. •
But du jeu : Trouver un point commun avec l'élève qui est au milieu pour prendre sa place. • **Règle du jeu :** Un élève se place au milieu du cercle. Ses camarades le regardent et cherchent un point commun qu'ils ont avec lui (caractère, goûts, physique). Le premier qui a trouvé va au milieu du cercle et dis le point commun, par exemple : « Je suis comme toi parce que je suis timide », « Je suis comme toi parce que j'aime les animaux » ou « Je suis comme toi parce que je ne porte pas de lunettes ».

Le morpion
→ Unité 2 – Projet – page 23

Nombre de joueurs : Toute la classe divisée en deux équipes. •
Matériel : 9 chaises, les pages de l'abécédaire réalisées par ta classe. •
But du jeu : Arriver à asseoir 3 membres de son équipe de façon à former une ligne droite horizontale, verticale ou en diagonale, tout en empêchant l'équipe adverse d'en faire autant. • **Règle du jeu :** Ton professeur dispose 9 chaises dans la classe en faisant 3 lignes et 3 colonnes. Une page de votre abécédaire, choisie au hasard, est posée sur chaque chaise, face cachée. Avec tes camarades, vous êtes répartis en 2 équipes : les rouges et les bleus. Quand tu retournes la page, tu dois faire deviner le mot à ton équipe. Tu peux dire par exemple : « C'est un mot qui commence par la lettre E, c'est un animal qui vit dans le jardin. Il a une maison (une coquille) sur le dos… » Tes camarades répondent : « Un éléphant ». Désolé, c'est perdu ! Remets la page, face cachée sur la chaise. Tes camarades répondent : « Un escargot ». Bravo, c'est gagné ! Tu peux t'asseoir sur la chaise.

Questions pour un champion
 Unité 3 – Grand Doc – page 33

Nombre de joueurs : Toute la classe divisée en deux équipes. • **Matériel :** Les fiches-questions réalisées par la classe. • **But du jeu :** Obtenir 5 points (ou plus) avant l'autre équipe. • **Règle du jeu :** Avec tes camarades, vous êtes répartis en 2 équipes : les rouges et les bleus. L'équipe des rouges reçoit des fiches rouges. L'équipe des bleus reçoit des fiches bleues. Chaque élève de chaque équipe recherche sur Internet des informations sur les hommes et les femmes célèbres de son pays. Chacun note les informations trouvées et son nom sur les fiches bleues ou rouges, une fiche par célébrité. Chacun rédige sa fiche en écrivant « Je » et sans citer le nom du personnage, comme dans l'exemple suivant : « Top, je suis un cosmonaute américain né en 1930. En 1969, je suis monté à bord de la fusée Apollo 11. Elle a voyagé dans l'espace pendant 5 jours et a aluni le 21 juillet 1969. Je suis descendu de la fusée et j'ai marché pour la première fois sur la Lune. Je suis… » Avec tes camarades, donnez vos fiches à votre professeur. Chaque équipe se place en file indienne (les uns derrière les autres) face au professeur. Le professeur pose les questions bleues et rouges aux deux membres de chaque équipe. Tu ne peux pas répondre à tes propres fiches. Dans ce cas, le professeur doit changer de fiche. Ton équipe marque 1 point par bonne réponse et perd un point par mauvaise réponse. Quand chaque binôme a répondu à sa question, il laisse sa place au binôme suivant. La première équipe qui obtient 5 points a gagné.

Ma fête de la Francophonie

DIS-MOI dix mots

1 CD3 18 Écoute, montre et réponds.

2 Cherche sur Internet le concours « L'imagier des 10 mots » de cette année et choisis trois mots.

3 Choisis un ou plusieurs ateliers pour créer trois pages de l'imagier des 10 mots.

Un imagier regroupe des photos ou des dessins représentant un mot. Ce mot doit aussi être écrit. Ça ressemble à un abécédaire mais les mots ne sont pas rangés dans l'ordre alphabétique.

A

Je n'ai pas vu le chien ce matin.

Il est sorti avec le maître ! C'est le jour de son vaccin !

Atelier 1 : L'acrostiche et le totem

Un acrostiche est un poème qui cache un mot. Les premières lettres de chaque mot de début de vers forment un mot qui se lit verticalement de haut en bas. Pour illustrer le mot, dessine les mots choisis les uns sous les autres comme pour un totem. Tu peux les dessiner sur une feuille, sur des boîtes empilées…

Zoo
Un
Tronc
= Zut

Atelier 2 : Le calligramme et le dessin

Un calligramme est un poème dont les lettres, les mots, les phrases forment un dessin qui représente le mot choisi.

un chat + une chatte = des chatons

B

Atelier 3 : La définition du dictionnaire et l'art posté

Écris la définition du mot sur un beau papier. Mets ce papier dans une belle enveloppe. Écris l'adresse de ton professeur ou d'un ami. Écris ton nom et ton adresse au dos de l'enveloppe. Décore l'enveloppe avec un dessin, un collage qui représente le mot. Colle un timbre. Envoie ta lettre.

Le potager

C

Atelier 5 : L'atelier libre

Créé ce que tu veux pour expliquer le mot que tu as choisi.

Atelier 4 : Les œuvres d'art qui parlent

Choisis une œuvre d'art ou une belle photo. Fais parler les personnages pour expliquer le mot que tu as choisi.

Le chien est chez le vétérinaire.

D

4 Observe les créations et dis quel atelier elles représentent.

5 Cherche le mot représenté sur chaque création. Ce sont des mots que tu as appris ou que tu apprendras dans ce livre.

MON DICTIONNAIRE

abécédaire

abécédaire (un)
nom U2
Livre ou poster pour apprendre l'alphabet dans lequel chaque lettre est illustrée.
➡ Dans mon abécédaire, la lettre N est illustrée avec le dessin d'un nénuphar.

aéroport (un)
nom U1
Endroit où les avions décollent et atterrissent.
➡ L'avion de Maty, Marie et Abdou a atterri à l'aéroport Charles-de-Gaulle.

amoureux
adjectif U1
Qui a de l'amour pour quelqu'un.
Il est amoureux. Elle est amoureuse.
➡ Léo est amoureux de Marie.

....
....
(né en 1930, mort en 2012) U3
Astronaute américain, pilote d'essai, aviateur et professeur. Premier homme à avoir marché sur la Lune le 21 juillet 1969.
➡ .... est allé sur la Lune avec la fusée Apollo 11.

Cherche le bon autocollant page C.*

arbre (un)
nom U2
Grande plante formée d'un tronc, de branches et de feuilles.
➡ L'arbre dessiné sur le drapeau libanais est un cèdre.

arroser
verbe U2
Verser de l'eau.
➡ Lucas le jardinier arrose ses salades.

arrosoir (un)
nom U2
Objet qui sert à arroser les plantes.
➡ Lucas le jardinier arrose ses salades avec son arrosoir.

Dessine un arrosoir.*

astronaute (un)
nom U3
Personne qui voyage dans une fusée, dans l'espace.
On dit aussi un cosmonaute.
➡ L'astronaute sort de sa fusée et pose le pied sur la Lune.

atterrir
verbe U1
Toucher la terre. ➡ L'avion de Dakar va atterrir à Paris.
Le contraire d'atterrir est décoller.

bagarreur
adjectif U1
Personne qui aime se battre, donner des coups.
Il est bagarreur. Elle est bagarreuse.
➡ Azur et Asmar sont bagarreurs.

botanique (la)
nom U2
Science qui étudie les végétaux, les plantes donc la flore.
➡ Alice cherche le nom d'une plante dans son livre de botanique.

---

*N'oublie pas de compléter ton dictionnaire en collant des autocollants ou en illustrant les cases vides.

décoller

brouette (une) nom U2
Outil à une roue et deux manches utilisé pour transporter des choses lourdes.
➡ Le jardinier transporte de la terre dans *sa brouette*.

carte (mentale) (une) (nom) U1
Dessin avec des symboles, des flèches, des mots que l'on organise sur une feuille pour dire ce qu'on sait sur un thème et le présenter ensuite.
➡ À la rentrée, nous avons fait *une carte mentale* pour nous présenter.

ceinture (une) (nom) U1
1. Accessoire que l'on attache pour tenir son pantalon.
➡ *Le pantalon de Marcel est trop grand. Il doit mettre une ceinture.*

2. « Ceinture de sécurité » : Accessoire qui sert à nous protéger quand il y a un accident de voiture, d'avion.
➡ *L'avion va atterrir. Mamie Anna attache sa ceinture de sécurité.*

.... (né en 1928) U2
Écrivain et poète français. Les élèves des écoles francophones apprennent beaucoup ses poésies.
➡ *Cette année, nous avons appris deux poésies de .... : L'arbre et La mer s'est retirée.*

Cherche le bon autocollant page C.

chronologique (adjectif) U3
Qui suit l'ordre du temps : d'abord, ensuite, enfin.
➡ *En histoire, nous avons fait une frise chronologique des grandes découvertes.*

cime (la) (nom) U2
Sommet d'un arbre, d'une montagne.
➡ *Le chat de la petite fille est monté à la cime de l'arbre. Il ne peut plus descendre.*

coasser (verbe) U2
Crier, quand c'est une grenouille.
➡ *Les grenouilles coassent dans l'étang.*

cogner (se) (verbe) U3
Se faire mal contre un objet, une personne.
➡ *Il s'est cogné la tête contre le rebord de la fenêtre.*

décoller (verbe) U1
1. Quitter le sol.
➡ *L'avion a décollé en retard à cause de la neige.*
Le contraire de décoller est atterrir.

2. Détacher ce qui est collé.
➡ *Mon oncle a décollé le timbre de l'enveloppe. Il le veut pour sa collection.*
Le contraire de décoller est coller.

75

MON DICTIONNAIRE

défaut

défaut (un) (nom) U1	Ce qui est mauvais dans le caractère d'une personne. ➜ Maty a un petit défaut : elle est bavarde. Le contraire d'un défaut est une qualité.
dégoûtant (adjectif) U1	Très sale. ➜ Ne mets pas les doigts dans ton nez ! C'est dégoûtant !
désherber (verbe) U2	Enlever les mauvaises herbes dans le jardin. ➜ Léo désherbe autour des plantes.
.... (né en 1832, mort en 1923) U3	Ingénieur français. Il a beaucoup travaillé le fer. Il a participé à la construction de la statue de la Liberté et il est l'architecte de la tour Eiffel. ➜ La célèbre tour de Paris s'appelle la tour Eiffel. Elle porte le nom de son constructeur, ...
embouteillage (un) (nom) U2	Quand les voitures ou les camions ne peuvent plus avancer. ➜ Il y a eu un accident et maintenant il y a un embouteillage.
étang (un) (nom) U2	Petite étendue d'eau. ➜ Il y a des grenouilles et des nénuphars dans l'étang.
feuille (une) (nom) U2	1. Partie d'une plante qui pousse sur les branches. ➜ En automne, les feuilles tombent des arbres. 2. Morceau de papier. ➜ Prenez une feuille pour dessiner votre carte mentale.
fièvre (la) (nom) U3	Augmentation de la température du corps. ➜ Alice est malade. Elle a 38,3° C de fièvre.
fleur (une) (nom) U2	Partie colorée d'une plante qui s'ouvre. ➜ La rose est la fleur du rosier.
fruit (un) (nom) U2	Aliment qui pousse sur un arbre ou une plante, après les fleurs. ➜ Les fraises, les pommes, les bananes sont des fruits.
graine (une) (nom) U2	Petit organe des plantes, à l'intérieur du fruit, qui permet d'avoir une nouvelle plante. ➜ Jacques a planté les trois graines de haricots magiques devant sa maison.
herbe (une) (nom) U2	Petite plante fine et verte. ➜ Le jardinier enlève les mauvaises herbes de son jardin.
herbier (un) (nom) U2	Collection de plantes séchées. ➜ Alice fait un herbier avec les plantes du jardin de Monet.
herbivore (adjectif) U2	Qui mange seulement de l'herbe. ➜ La tortue et la vache sont des animaux herbivores.
herboriste (un, une) (nom) U2	Personne qui vend des plantes bonnes pour la santé. ➜ L'herboriste nous vend des plantes qui aident à dormir.
herboristerie (une) (nom) U2	Endroit, magasin où travaille l'herboriste. ➜ L'herboristerie se trouve entre la pharmacie et la boulangerie.

Cherche le bon autocollant page C.

*N'oublie pas de compléter ton dictionnaire en collant des autocollants ou en illustrant les cases vides.

moche

ingénieur (un) (nom) U3
Personne qui organise et dirige de grands travaux.
➡ C'est Gustave Eiffel qui a créé et a fait construire la tour Eiffel. C'est un grand ingénieur.

inventaire (un) (nom) U1
Liste d'objets, de choses à faire.
➡ C'est la rentrée. Maman fait l'inventaire des choses à acheter pour l'école.

jardin (un) (nom) U2
Endroit où le jardinier fait pousser des fleurs, des plantes, des légumes et des arbres fruitiers.
➡ Le jardin de Monet est très beau avec ses fleurs de toutes les couleurs.

jardinage (le) (nom) U2
Culture du jardin.
➡ Ce que Jacques préfère dans le jardinage, c'est la culture des haricots.

jardinerie (une) (nom) U2
Grand magasin où on peut acheter des plantes et des outils pour le jardinage.
➡ La famille Legrand va acheter de nouvelles plantes à la jardinerie.

jardinier (un) (nom) U2
Personne qui travaille dans un jardin.
➡ Lucas est un jardinier en herbe.

jardiner (verbe) U2
Faire du jardinage, cultiver son jardin.
➡ Ma grand-mère jardine tous les après-midi. Elle adore faire pousser des tomates.

légume (un) (nom) U2
Plante que l'on cultive pour la manger.
➡ Les carottes, les poireaux, les haricots sont des légumes.

.... U3
Ingénieurs français qui ont inventé le cinéma.
➡ Un des films les plus connus des .... s'appelle L'arroseur arrosé.

Cherche le bon autocollant page C.

mobile (un) (nom) U3
Objet décoratif qui bouge ou qui peut bouger.
➡ Pour fabriquer notre mobile, nous avons suspendu des objets avec un fil à un cintre ou à un morceau de bois.

moche (adjectif) U1
Qui n'est pas beau, pas joli.
➡ Le miroir dit au vampire qu'il est moche.

....
Peintre français célèbre pour ses tableaux de fleurs, de jardins.
➡ Jeanne aime beaucoup le tableau de ...., Nymphéas.

(né en 1840, mort en 1926) U2

Cherche le bon autocollant page C.

MON DICTIONNAIRE

nénuphar

nénuphar (un) (nom) U2	Plante qui vit dans l'eau. Ses feuilles flottent. On dit aussi nymphéas. ➽ Monet a peint beaucoup de nénuphars.
neveu (un) (nom) U1	Fils du frère ou de la sœur d'une personne. C'est mon neveu. C'est ma nièce. ➽ Bob et Tom sont les neveux de Luc.
.... (né en 1960) U1	Poète belge. ➽ J'aime beaucoup la poésie de .... qui parle d'un vampire. *Cherche le bon autocollant page C.*
.... (né en 1943) U1	Réalisateur français de films d'animation. Son film le plus célèbre est *Kirikou et la sorcière*. ➽ Le troisième film de .... est *Azur et Asmar*. *Cherche le bon autocollant page C.*
œil (un) (nom) U1	Organe de la vue. ➽ Mamie Anna a mal à l'œil gauche. Elle a les yeux verts. un œil – des yeux
pareil (adjectif) U1	Qui se ressemblent. ➽ Tom et Bob sont pareils. Ils sont jumeaux.
paresseux (adjectif) U1	Qui ne veut rien faire. Qui ne veut pas bouger. ➽ Tom est paresseux. Alice n'est pas paresseuse.
paysagiste (un, une) (nom) U2	Personne qui imagine des jardins, des parcs. ➽ Monsieur Koury est paysagiste.
plante (une) (nom) U2	Végétal qui pousse grâce à des racines dans la terre. ➽ Il y a beaucoup de plantes dans le jardin de Monet.
plantoir (un) (nom) U2	Outil qui sert à planter des plantes. ➽ Lucas utilise un plantoir pour planter les choux.
potager (un) (nom) U2	Endroit du jardin où poussent les légumes. ➽ Lucas le jardinier cultive des pommes de terre dans son potager.
Préhistoire (la) (nom) U3	Période très ancienne, avant l'invention de l'écriture, avant l'Histoire. ➽ Les hommes de la Préhistoire ont découvert le feu.
qualité (une) (nom) U1	Ce qui est bon dans le caractère d'une personne. ➽ Maty a de nombreuses qualités. Elle est gentille, sympathique et studieuse. Le contraire d'une qualité est un défaut.

*N'oublie pas de compléter ton dictionnaire en collant des autocollants ou en illustrant les cases vides.

yeux

revenir (verbe) U3	1. Venir de nouveau. ➡ Je **reviens** dans 5 minutes. 2. Retourner quelque part. ➡ Maty et Abdou **reviendront** en France l'année prochaine.	
saigner (verbe) U3	Perdre du sang. ➡ Bob s'est cogné à un arbre. Il **saigne** du nez.	
sécateur (un) (nom) U2	Outil de jardinage qui ressemble à de grands ciseaux. ➡ Le jardinier coupe les branches des rosiers avec **son sécateur**.	
studieux (adjectif) U1	Qui aime étudier, faire ses devoirs, apprendre ses leçons. Il est **studieux**. Elle est **studieuse**. ➡ Bob est un élève **studieux**.	
.... (née en 1900, morte en 1995) U3	Scientifique américano-hongroise. Elle a travaillé sur l'énergie solaire. ➡ .... a inventé avec l'architecte Eleanor Raymond la première maison solaire en 1940.	Cherche le bon autocollant page C.
tordre (se) (verbe) U3	Se faire mal en pliant un membre dans le mauvais sens. ➡ Il **s'est tordu** la cheville pendant la récréation.	
tuyau (un) (nom) U2	Long tube. ➡ Le jardinier arrose ses plantes avec **son tuyau** d'arrosage. un tuyau – des tuyaux	
unique (adjectif) U1	Seul, très rare. ➡ Marie est fille **unique**.	
utiliser (verbe) U2	Se servir de quelque chose. ➡ Pour arroser ses plantes, le jardinier peut **utiliser** un arrosoir ou un tuyau d'arrosage.	
varicelle (la) (nom) U3	Maladie qui donne des boutons rouges. ➡ Je ne peux pas aller à l'école parce que j'ai **la varicelle**.	*
verger (un) (nom) U2	Endroit du jardin où poussent les arbres fruitiers. ➡ Lucas le jardinier cultive des fraises, des pommes, des cerises dans **son verger**.	
xylophone (un) (nom) U2	Instrument de musique fait de barres qui résonnent quand on les frappe. ➡ Nous avons appris à jouer **du xylophone** en classe.	
yeux (les) (nom) U1	Cherche à « œil ».	
.... U1	Groupe de musiciens français qui écrivent et chantent des chansons pour les enfants. ➡ Quelle est ta chanson préférée du groupe .... ?	Cherche le bon autocollant page C.

79

TABLEAU DES CONTENUS

Unité 1 – Tous différents

1. D'où reviennent-ils ?
   Ils reviennent du Sénégal.
2. Peux-tu décrire le physique de quelqu'un ?
   Il est grand. Il ressemble à son père.
3. Peux-tu décrire le caractère de quelqu'un ?
   Il est courageux.

COMMUNICATION
Exprimer son origine.
Dire sa destination, sa provenance.
Décrire des personnes, exprimer une comparaison, une ressemblance, des différences.

EXPOSITION À LA LANGUE
Lexique : l'aéroport, la description, la carte mentale, les contraires.
Conjugaison : le présent des verbes *avoir*, *être*, *aller* et *venir*.
Grammaire : les phrases comparatives.
Phonétique : les phrases homophones.

FAITS CULTURELS
La bise en France.
L'univers du réalisateur Michel Ocelot :
Azur et Asmar, *Kirikou et la sorcière*.
Deux chansons du groupe ZUT : *Aujourd'hui c'est la rentrée* ; *À chacun sa tête*.
Un poème : *Inspection générale* de Carl Norac.

GRANDS DOCS PROJETS
Grand Doc
Je découvre la carte mentale de Maty.
Projet
Fabriquez la carte mentale de votre classe.
> Se présenter à l'aide d'une carte mentale.
> Se comparer positivement aux autres.

INTERDISCIPLINARITÉ
Le cinéma :
Azur et Asmar et *Kirikou et la sorcière* de Michel Ocelot.
La logique :
Qui est qui ?
Les mathématiques :
Les nombres de 0 à 999.

Unité 2 – Des jardiniers en herbe

1. Que font-ils ?
   Ils visitent la Fondation Claude Monet.
2. Veux-tu te promener ?
   Oui, je veux aller sur le pont.
3. Tu veux jouer à l'herboriste ?
   Oui, je vais faire un herbier.

COMMUNICATION
Découvrir un site touristique.
Dire une date.
S'orienter, décrire un jardin.
Situer dans le temps.
Identifier, catégoriser des plantes.

EXPOSITION À LA LANGUE
Lexique : les jardins, les pièces d'une maison, les mots d'une même famille, l'ordre alphabétique, la définition.
Conjugaison : le présent des verbes des 1er, 2e et 3e groupes.
Grammaire : le relatif *qui*.
Phonétique : les sons [ʒ] et [g].

FAITS CULTURELS
Giverny, le jardin de Claude Monet.
L'univers de ce peintre.
Les jardins.
Les plantes, les arbres du jardin.
Une chanson du groupe ZUT : *Les pelouses interdites*.
Un poème : *L'arbre* d'après Jacques Charpentreau.

GRANDS DOCS PROJETS
Grand Doc
Lucas, jardinier en herbe.
Projet
Fabriquez un abécédaire mural du jardin pour votre classe.
> Définir des mots et les classer par ordre alphabétique.
> Jouer au jeu du morpion.

INTERDISCIPLINARITÉ
Les sciences :
Le jardin et les plantes.
Les arts :
L'univers de Claude Monet.
Les mathématiques :
Les nombres de 0 à 999.

Unité 3 – Le passé, c'est passé !

1. Que s'est-il passé ?
   Il est allé à son cours de tennis.
2. Tu es malade ? Tu t'es fait mal ?
   Je suis tombé et je me suis cassé le pied.
3. Où es-tu allé ? Qu'as-tu fait ?
   Je suis allé à la plage. J'ai ramassé un coquillage.

COMMUNICATION
Dire ce que l'on a fait, ce qui s'est passé.
Parler d'une maladie, d'un accident au passé.
Dire où on a passé ses vacances et ce que l'on a fait.

EXPOSITION À LA LANGUE
Lexique : les maladies, les accidents, les lieux et les activités associées, les découvertes, les indicateurs de temps du passé.
Conjugaison : le passé composé des verbes avec *être* et *avoir*, le passé composé des verbes pronominaux.
Grammaire : les phrases au passé composé.
Phonétique : les différentes graphies du son [e].

FAITS CULTURELS
Les activités du matin.
Les petits accidents de l'enfance.
Les événements historiques.
Une chanson du groupe ZUT : *Ouch ! Ouille ! Bobo !*
Une bande dessinée.

GRANDS DOCS PROJETS
Grand Doc
Un peu d'histoire
Projet
Fabriquez des mobiles chronologiques.
> Raconter des événements passés à l'aide d'un mobile.
> Écrire un texte pour accompagner son mobile.

INTERDISCIPLINARITÉ
L'histoire :
La frise chronologique et les événements historiques.
Les mathématiques :
Les nombres à partir de 1 000 (dates).

Mes jeux — Comprendre les règles des jeux.
Ma fête de la Francophonie — Participer au concours « L'imagier des 10 mots ».
Mes chansons — Chanter les chansons du groupe ZUT.

Unité 1 : Tous différents

p. 40

p. 45

le vampire fait l'inventaire.

Tous les matins, de son visage,

Les cheveux bien gominés ? Oui.

Les yeux en face des trous ? Oui.

Les dents toujours parfaites ? Oui.

Le front mi-soucieux (pour inquiéter) ? Oui.

– Alors, l'ami, qu'est-ce qui cloche ?

Le sourire mi-content (pour rassurer) ? Oui.

Le nez est-il au centre ? Oui.

mais c'est bien dommage que tu sois si moche.

– Rien ma foi, répond le miroir,

Les joues et leur blancheur ? Oui.

Tous les matins, il craint le pire

devant son miroir centenaire.

Se dit le vampire lassé de se voir.

Ta coupe p. 45 !

A

Unité 2 : Des jardiniers en herbe

p. 48

p. 54

arbre	magasins
montres	ciseau
parkings	motos
mercredis	arbre
camions	maisons
arbre	arbre
télés	arbre
vélos	feux rouges
présidents	ville
néons	

Ta coupe p.55 !

Unité 3 : Le passé, c'est passé !

p. 56

Je me suis coiffé.	Je me suis levé.	Je me suis habillée.	Je me prépare un bon petit déjeuner.
Je m'habille.	Je me suis préparé un bon petit déjeuner.	Je me suis brossé les dents.	Je me suis douché.
Je me douche.	Je me brosse les dents.	Je me lève.	Je me coiffe.

p.59

L'aquarium est tombé et s'est cassé.

Le chat a eu peur. Il a sauté sur la chaise.
La chaise est tombée.

Il a joué avec le poisson et l'aquarium.

Le poisson ne peut plus nager. Il faut le sauver !

D'abord, le chat est monté sur la table.

Le chat est sorti de la cuisine.

Sa maîtresse est entrée. Elle a ramassé des morceaux de l'aquarium. Elle s'est coupée.

Ta coupe p.65 !

MON DICTIONNAIRE   p.74-79

Neil Armstrong

Jacques Charpentreau

Gustave Eiffel

Les frères Lumière

Claude Monet

Carl Norac

Michel Ocelot

Maria Telkes

Groupe Zut

C